W0087283

BASTEI
LÜBBE
TASCHENBUCH

Über die Autoren:

Pat Lauer, Ex-Architekt, Ex-Polizei- und Gerichtsreporter sowie aus Zeitgründen auch nur noch Ex-Sportler lebt mit Ehefrau und drei Kindern auf einem umgebauten Bauernhof im Fränkischen. Er arbeitet als Redakteur bei einer Tageszeitung in Süddeutschland und verfasste bereits etliche Sachbücher.

Birgit Adam, geboren 1971, studierte Englische Literaturwissenschaft und Kommunikationswissenschaft in Augsburg und Schottland. Seit 1997 arbeitet sie freiberuflich als Autorin und Lektorin und hat bereits zahlreiche Sachbücher veröffentlicht.

Nick L. Brille

Tatortreiniger

Die schrägsten Berufe
der Welt

BASTEI LÜBBE TASCHENBUCH
Band 60307

1. Auflage: Januar 2012

Der Titel ist auch als E-Book erhältlich.

Bastei Lübbe Taschenbuch in der Bastei Lübbe GmbH & Co. KG

Originalausgabe

Sie finden uns im Internet unter
www. luebbe.de
Bitte beachten Sie auch: www.lesejury.de

Der Preis dieses Bandes versteht sich einschließlich
der gesetzlichen Mehrwertsteuer.

Inhaltsübersicht

Arbeiten Sie noch oder spinnen Sie schon?

Selbstverständlich haben auch Sie sich schon einmal über die Absurdität des Lebens Gedanken gemacht. Wir müssen arbeiten, um gut leben zu können, aber sehr häufig sorgt unsere Arbeit dafür, dass es mit dem guten Leben nicht allzu weit her ist. Genauer gesagt: Wir können nur selten so viel Spaß haben, dass er der Frust aufwiegt, den wir in der Arbeit erleben. Klingt hart, ist aber eben so.

Stopp! Bevor Sie dieses epochale Werk seufzend beiseitelegen, weil Sie befürchten, vom Schutzumschlag getäuscht worden zu sein und einen philosophischen Grundsatzwälzer zum Thema »Lebensparadox« vor sich zu haben, lassen Sie sich versichern, dass dem Autorenteam nichts ferner liegt, als Sie mit wohlfeilen Plattheiten aus dem Reich des Pseudo-Tiefsinnigen zu langweilen. Nein, unsere Einstiegssätze dienten eher der rücksichtsvollen Hinleitung an das eigentliche Thema dieses Buches. Und sie sollten Sie daran erinnern, dass Sie eben (vermutlich, leider) nicht so einen rattenscharfen, megageilen oder total abgefahrenen Job haben wie einige von denen, die wir auf den folgenden Seiten beschreiben. Denn es gibt nun einmal Menschen, die ihren Traumberuf nicht nur erfunden haben, sondern ihn auch ausüben dürfen – von denen während der Arbeit erwartet wird, dass sie gefälligst, ohne zu jammern, exakt das tun, was ihnen am meisten Spaß macht. Yep. Wahnsinn, oder?

Bevor Ihnen nun aber die Kauleiste zu einem nach unten gezogenen Strichmännchenmund verkommt und Ihr Gesicht grüne Neidpatina ansetzt, dürfen wir Ihnen anvertrauen, dass in den kommenden Beispielen auch das andere Extrem zur Sprache kommen wird: Berufe, die Sie nicht einmal Ihrem Schwager wünschen, Jobs, die sich offenkundig nur Beelzebub, Saddam Hussein (okay – der nicht mehr) oder der Ghostwriter von Thilo Sarrazin ausdenken konnten. Beschäftigungen, die so weit abseits jeder Schmerzgrenze liegen, dass wir jene Menschen, die sie ausüben müssen, beinahe ein bisschen bedauern.

Unsere Sammlung enthält demzufolge seltene und seltsame, schöne und schreckliche, unsinnige und aberwitzige Berufe. Allen ist eines jedoch gemeinsam: Sie werden von Menschen ausgeübt, um damit Geld zu verdienen, was eindrucksvoll beweist, dass Geld allein nicht glücklich macht.

So. Und damit wäre der Bogen virtuos geschlagen: von einem leidlich philosophischen Einstiegssatz zu einer tiefgründigen Basiswahrheit, die nur knapp an der vollständigen Belanglosigkeit vorbeischrammt. Was kann man von einer Einführung mehr erwarten?

Bitte? Ein schnelles Ende? Okay.

Viel Spaß wünschen
Pat Lauer und Birgit Adam

Kapitel 1

Die gefährlichsten Jobs

Der Feierabend bietet diesen Menschen vor allem einen Grund zur Freude: Sie leben noch! In diese Gruppe gehören unter anderem Fensterputzer in Manhattan, Bombenentschärfer, Feuerspringer oder Virologen. Mit anderen Worten: Es handelt sich um Jobs für Menschen, die den kleinen Nervenkitzel lieben.

Fensterputzer in Manhattan

Kurz nach dem 11. September 2001 kursierte der folgende Witz: Wer ist der bärtige Mann, der da vom Dach des Empire State Buildings winkt? Die Antwort lautete: ein afghanischer Fluglotse.

Sie mögen dies für politisch nicht ganz korrekt halten und haben damit selbstverständlich recht, aber unter der Bezeichnung »Arbeitsplatzbeschreibung« entbehrte diese Schilderung zumindest nicht einer gewissen pikanten Komik.

Weit weniger spektakulär, aber bei uns mit ähnlichen Gefühlen – »abgrund«tiefer Angst und diffusen Schwindelgefühlen – behaftet, ist in amerikanischen Großstädten der Beruf des Fensterputzers. Haben Sie den architektonischen Größenwahn New Yorks vor Augen? Die in den Himmel ragenden Türme, die scheinbar endlosen Glasfronten, die spiegelnden Monumente babylonischer Herrlichkeit? Da schluchzt die Hausfrau, und die chemische Industrie reibt sich jubelnd die in blinder Gier verknöcherten Hände. Grob geschätzt könnten Sie allein in der Wall Street pro Woche zehn Tonnen Fensterputzmittel absetzen – wohl dem, der da die Konzession für porentiefe Reinheit und spiegelnden Glanz besitzt.

Festhalten können wir immerhin, dass man als Fensterputzer in Manhattan einen vergleichsweise krisensicheren Job ausübt. Zugegeben – mit dem World Trade Center ist ein lukrativer Arbeitsplatz verlorengegangen, aber schließlich gibt es auf der Halbinsel, die die listigen Briten den seinerzeit weit weniger listiger Holländern für ein paar lumpige Taler abluchsten, noch weit mehr Glasfronten, die vom Staub der Frondienste und des Straßenverkehrs zu befreien sind. Genauer gesagt – es herrscht rein gar kein Mangel an polierbarer Oberfläche.

Und so waren auch die Brüder Alcides und Edgar Morena an jenem 7. Dezember des Jahres 2007 mutmaßlich guter Dinge, als sie ihre Gondel bestiegen, um in luftige Höhen zu entschweben. »Glück auf«, mögen sich die beiden Bergarbeiter des totalen Übertagebaus während der Fahrt nach oben gewünscht haben, doch noch ehe sie an ihrem Arbeitsplatz (47. Stock, 144 Meter Höhe) die Lage peilen konnten, lautete die Devise bereits wieder: »Abwärts.« Zwar trugen die beiden die obligatorischen Sicherheitsgurte und hätten deshalb auch nicht einfach so aus dem schwankenden Außenlift purzeln können, doch tatsächlich lösten sich an der Gondel aus unerklärlichen Gründen die Haltekabel komplett, und das ganze Ding fiel wie ein Stein nach unten. Edgar Moreno – so gerne wir Ihnen auch ein Happyend präsentiert hätten – überlebte den Aufprall nicht.

Wie Alcides Moreno den Sturz überstehen konnte, ist kaum zu erklären. »Meine Zeit war noch nicht gekommen«, sagte er später, und dem kann man nur zustimmen, wenn man an der Absturzstelle mal kurz den Kopf in den Nacken legt und versucht, die siebenundvierzig Stockwerke abzuzählen. Der wackere Soldat der Reinlichkeit brach sich weder den Schädel noch das Becken, sondern »lediglich« Arme und Beine. Diese zerfielen freilich in so viele Einzelteile, dass er bei sofortiger Beisetzung für Archäologen späterer Jahrhunderte mühelos als Puzzle für Fortgeschrittene durchgegangen wäre. Eine Bestattung jedoch war nicht vonnöten, denn schließlich gelang es der New Yorker Ärzteschaft, den Mann mittels unzähliger Operationen wieder einigermaßen auf die Beine zu stellen. Ein ganzes Jahr in der Reha-Klinik tat ein Übriges. Angeblich konnte er danach wieder ganz passabel laufen und das Löffelchen auch eigenhändig wieder zum Munde führen, doch seinen Job als Fensterputzer dürfte er hingeschmissen haben. Irgendwie verständlich.

Bevor Sie aber jetzt die Nase rümpfen und Adjektive wie »unzumutbar«, »gefährlich« und »makaber« vor sich hin murmeln, lassen Sie sich bitte gesagt sein, dass der Moreno-Unfall eine echte Ausnahme war. Normalerweise fallen Fensterputzer nämlich nicht häufiger vom Himmel als Flugzeugpassagiere, und das Fliegen ist bekanntlich noch immer die sicherste Art zu reisen. Außerdem ist der Beruf – wie bereits erwähnt – recht krisenfest, denn solange niemand ihren Arbeitsplatz in Schutt und Asche legt, erweist sich dieser als eine Art Perpetuum stabile: Immer, wenn Sie oben mit der Arbeit fertig sind, können Sie unten wieder von vorne anfangen. Das klingt fast so, als hätte Zeus den Sisyphos bezahlt.

Gefahr: ** (Nur zwei Sterne sehen zwar irgendwie komisch aus, aber statistisch ist das Risiko gering.)
Langeweile: *** (Wenn man schwindelfrei ist – und davon gehen wir jetzt mal aus –, hält sich der Spannungsfaktor arg in Grenzen. Gut, wenn's stürmisch ist, könnte es etwas aufregender sein.)
Seltenheit: ** (Als Exot werden Sie als Fensterputzer nicht unbedingt durchgehen, aber wenn Sie als Arbeitsplatz Manhattan angeben, gehören Sie zumindest schon mal zu einer Minorität.)
Ekelfaktor: * (Nur wenn Sie eine Reinigungsmittelallergie haben.)
Neidfaktor: ** (Man verdient sehr gut, aber die wenigsten wollen mit Ihnen tauschen. Der Neidfaktor ist deshalb eher gering.)

Bombenentschärfer (Kampfmittelräumer)

Jetzt aber mal Butter bei die Fische: »Kampfmittelräumer«? Das klingt in etwa so spannend wie Parkraumüberwacher oder Seniorenbeauftragter und spiegelt nicht im Geringsten den echten, den wahren, den tatsächlichen Adrenalinkick wider, der jedem Möchtegern-Macho im Angesicht dieses Superjobs durch die Schlagader tobt.

Denn was tut ein »Kampfmittelräumer«? Er entschärft Bomben. Echte, fette, wuchtige, total oberfiese Rabumms-Bomben, wie sie auf unserem vernarbten Planeten nach zahllosen Raufeinlagen mit Explosivstoffen leider immer noch zuhauf herumliegen.

Noch bis zur Drucklegung dieses kleinen Nachschlagewerks harrten rund 300 000 Tonnen Bomben, Granaten, Patronen und Minen, die nicht explodiert sind, allein in Deutschland unter der Erde ihrer »Feuertaufe«. Die *noch* nicht explodiert sind, wohlgemerkt. Wenn Paulchen aus der Neubausiedlung nämlich einen dieser fetten Klunker beim verspielten Höhlenbau in der nahe gelegenen Ausgleichsfläche des Getränkemarktes findet, dann beschließt er womöglich, das massige Stück Metall mit Papas Schubkarre in den eigenen Vorgarten zu transportieren – zur Belustigung des Cockerspaniels, der sein Beinchen schließlich nicht ständig nur an Gartenzwergen heben will. Schon das Hieven auf das Transportmittel – für echte Brummer müsste sich Paulchen womöglich Hilfe aus seiner Grundschulklasse holen – könnte für die fröhliche Rasselbande allerdings mit einem fetzigen Freiflug in eine andere

Dimension enden. Denn bedauerlicherweise verstanden die Alliierten zwar was vom Bombenbau, wollten aber – wie alle übrigen kriegführenden Parteien offenkundig auch – partout nicht darauf achten, dass sich die Blindgänger irgendwann einmal selbst entschärfen. Im Gegenteil: Durch den Aufprall und den jahrzehntelang ungehindert wütenden Gevatter Rost sind die Zünder zuweilen so sehr in Mitleidenschaft gezogen, dass schon der rasselnde Atem eines ganz in der Nähe Würmer jagenden Maulwurfs zur auslösenden Erschütterung werden könnte. Ganz zu schweigen von Paulchens lebhaftem Interesse an metallischen Wuchtbrummen aller Art.

Deshalb gehen wir zu Gunsten des kleinen Rackers einfach mal davon aus, dass der schlaue Bengel schön die Finger von seinem Fund lässt und ihn stattdessen seinem Papa oder gar dem örtlichen Wachtmeister meldet, sodass dieser sich umgehend um den Spezialisten bemühen kann: den Kampfmittelräumer.

Dieser weiß natürlich aus Erfahrung, wo sich seine Pappenheimer – die explosiven Kameraden – am liebsten und am häufigsten tummeln, denn der geschichtsbeflissene Hobbyhistoriker hat schon aus beruflichem Interesse die bombige Historie des Zweiten Weltkriegs in groben Zügen auswendig gelernt. So weiß er wohl, dass immer noch etwa 33 000 Landminen beispielsweise im Nationalpark Eifel oder an der früheren innerdeutschen Grenze liegen. Und weil die Alliierten während des Krieges hauptsächlich Industriestandorte beworfen haben, darf man Bau- und Baggerarbeiten in Duisburg-Wedau, Bochum oder Wanne-Eickel zuweilen durchaus als risikobehaftet einstufen.

Wenn in diesen Regionen gegraben wird, rückt automatisch zunächst einmal der »deutsche Kampfmittelräumdienst« an und sucht den Untergrund nach Blindgängern ab. Die stahlharten Jungs von der megacoolen Truppe durchkämmen das Gelände mit Hacke und Metalldetektor. Fängt Letztgenannter an, hektische Piepslaute von sich zu geben, dann beginnen sie zu graben. Und nicht, dass Sie jetzt denken, das passiert nur alle Jubeljahre und der Rest des Jobs besteht in einer überdurchschnittlich großen Spielwiese namens »faule Haut«. Weit gefehlt: Durchschnittlich ein Blindgänger pro Tag muss in unseren Gefilden entschärft werden.

Nun fragen Sie sich vermutlich schon unruhig, welche Qualifikationen so ein Bombenentschärfer denn mitbringen muss. Nun, einem legendären Bühnenstück des Schweizer Kabarettisten Emil Steinberger zufolge sollte er Schäufeli und Besen stets dabei haben, doch neben dieser unverzichtbaren Hardware sind auch die sogenannten Soft Skills gefragt: gute Nerven, eine ruhige Hand. Und wenn man in der Kneipe an der Ecke der fiebrigen Blondine mit dem Schmollmund von diesem Job erzählt, sollte man unbedingt auch ein nonchalantes Achselzucken draufhaben und den Satz »Einer muss es ja machen« überzeugend rüberbringen können.

Ausgebildet werden die Jungs übrigens in der Regel bei der Bundeswehr.

Gefahr: ***** (Aber hallo – zumindest das gefühlte Risiko pendelt irgendwo zwischen Himmelfahrt und Heilanstalt.)

Langeweile: **** (Mag ja sein, dass alle Bomben irgendwann gleich aussehen, aber so richtig öde wird der Job trotzdem nie. Garantiert.)

Seltenheit: *** (Na ja – angesichts der schieren Fülle der Nitro-Briefbeschwerer muss es eine ganze Reihe von Entschärfern geben.)

Ekelfaktor: * (Nee – eklig ist das nicht, es sei denn, Sie haben eine Aversion gegen Rost. Oder gegen zerfetzte menschli-

che Körper. Aber darüber machen Sie sich im Explosions-
fall ohnehin keine Gedanken mehr.)

Neidfaktor: ** (Komisch: Sie verdienen einen ganzen Haufen Geld, aber es ist nicht ganz so einfach, die Mitmenschen von den Vorzügen Ihres Berufs zu überzeugen. Warum bloß?)

Feuerspringer

Wenn Sie, werter Leser, ein Mann sind, dann haben Sie ganz sicher auch schon mal davon geträumt, ein Held sein zu können. Wobei – das sei angemerkt – das Bild vom Helden sich in den vergangenen Jahrzehnten sehr zu seinen Ungunsten verändert hat. Vom Schnurrbärtchen tragenden Degenfuchtler (Errol Flynn) über die geistige Dunkelkammer im Muscle-Shirt (Dolph Lundgren) bis hin zum eloquent-zynischen Eigentumsnihilisten im Stile eines George Clooney – das Heldenbild verschiebt sich immer mehr in Richtung Friedensnobelpreis.

Ein ganz spezieller Heldentypus jedoch ist zeitlos, unvergänglich und niemals angekränkelt von modischem Firlefanz und/oder politischer Korrektheit: der Feuerwehrmann. Nicht umsonst drehen kleine Buben vor Aufregung reihenweise durch, wenn das knallrote Abenteuer-Lustmobil der Floriansjünger zwecks Nachwuchswerbung den örtlichen Kindergarten heimsucht. Da werden dann Sirene und Blaulicht dergestalt betätigt, dass Großmama Wennicke jäh aus dem mittäglichen Schlummer schreckt. Da wird von Notrufen erzählt und die Bedienung eines handelsüblichen Feuerlöschers demonstriert. Feuerwehrmänner, so lernen es bei dieser Gelegenheit die staunenden Dreikäsehochs, sind »Helden des Alltags«, schlagen ihre Breschen durch lodernde Flammen, stets im Dienste der leidenden Menschheit und Tierwelt.

Was bei solchen Gelegenheiten zumeist dezent verschwiegen wird: Viel häufiger als zum Löschen werden Feuerwehrleute damit beauftragt, ehemalige Sportwagenfahrer stückchenweise aus ihren auf der Autobahn bis zur Unkenntlichkeit zerfetzten Trümmerboliden zu fieseln, die Reste entleibter Motorradfahrer von kurvigen Bergstraßen zu kratzen und einem blutüberströmten Zwölfjährigen das Händchen zu halten, während die nausetote Ernährerin mittels Rettungsspreizer aus dem Kleinwagenwrack geschnitten wird.

Zu drastisch? Das muss doch nicht sein? Tschuldigung – muss es doch, denn sonst kommt noch jemand auf die absurde Idee, Feuerwehrleute um ihren Alltag zu beneiden. Und um ihren Status. Die Typen sind nämlich tatsächlich Helden ... und wünschen sich ziemlich oft, es nicht ständig sein zu müssen.

Der absolute Held der Helden ist der Feuerspringer. Dieser archetypische, ultracoole Megaheld kommt dem Bild vom verrußten Sylvester Stallone mit der Kippe im Mundwinkel und dem irren Blick – umgeben von lodernden Flammenwänden – schon ziemlich nahe. Und wenn der »normale« Feuerwehrmann schon recht gute Nerven benötigt, dann ist die Bezeichnung »Drahtseil« für jene des Hitzehüpfers noch charmant untertrieben. Denn Feuerspringer seilen sich aus Hubschraubern ab und springen zuweilen auch mit Fallschirmen aus Flugzeugen – mitten hinein ins Flammenmeer. Sie nutzen Lichtungen und Brandschneisen für ihre waghalsigen Manöver und versuchen, große Busch- oder Waldbrände von innen heraus zu bekämpfen. Viel Wasser haben sie nicht dabei – sie sind stattdessen mit Hacke, Beil und Schaufel ausgerüstet, versuchen damit Barrieren zu bauen, Flammenwege zu ändern oder auch einfach Unterholz zu beseitigen, das die rasende Feuerhölle als Trampelpfad fürs Weiterkommen benötigen könnte. Um zu entkommen, wenn es gar zu brenzlig wird, spurten sie auch schon mal durch ein paar Dutzend Meter Flammen, buddeln sich ein oder haken sich an den he-

rabbaumelnden Seilen fest, die von waghalsig tief fliegenden Hubschrauberpiloten nach unten gelassen werden. Ihre
Überlebenschancen sind statistisch betrachtet größer als die
von Leibgardisten südamerikanischer Potentaten, aber deutlich kleiner als jene eines Undercover-Drogenermittlers in
den Slums von Bogotá.

Feuerspringer werden zuweilen nach Einsatz bezahlt,
manchmal haben sie auch Fixgehälter. Reich werden sie nie.
Sie melden sich immer freiwillig zum Dienst, und wer einmal
mit dabei war, kommt komischerweise immer wieder zurück.

Bei der Feuerkatastrophe von Storm King Mountain im
US-Bundesstaat Colorado kamen im heißen Sommer 1994
immerhin vierzehn von ihnen ums Leben. Plötzlich auffri-
schende Winde fachten das Feuer in Sekundenschnelle so
sehr an, dass die Feuerspringer es nicht mehr unter Kontrolle
bringen konnten. Die Walze, die über sie hinwegfegte, war
das tödlichste Inferno, das ein Mensch sich vorzustellen vermag.

Manchmal sterben Helden eben auch.

Gefahr: ***** (Viel mehr geht nicht.)
Langeweile: * (Schwer zu sagen, wann so ein Feuerspringer
    seinen Job als Routine betrachtet. Wir vermuten mal: nie.)
Seltenheit: **** (In der unmittelbaren Nachbarschaft Ihrer
    Reihenhaussiedlung dürften Sie mit diesem Job recht kon-
    kurrenzlos sein.)
Ekelfaktor: *** (Kommt drauf an, ob man den Geruch ver-
    brannten Fleisches nicht leiden kann. Wenn ja, könnte es
    eklig sein.)
Neidfaktor: * (Wenn der Nachbar fragt, ob er Sie mal zum Ein-
    satz begleiten darf, lehnen Sie ab. Schicken Sie ihn statt-
    dessen in die Therapie.)

Virologe

*A*ch, das waren noch Zeiten, als die Erdbevölkerung in regelmäßigen Abständen auf ein erträgliches Maß zurechtgestutzt wurde. Malaria, Pest, Typhus, Cholera – allesamt Seuchen, die mit der unbeirrbaren Gründlichkeit einer ostwestfälischen Finanzbeamtin dafür sorgten, dass der Homo sapiens nicht allzu übermütig wurde. In für die Evolution durchaus zumutbaren Abständen machten sich die flotten Erreger auf, um dem grimmen Schnitter properen und noch nicht allzu gut abgehangenen Nachschub zu besorgen – Alter, Vermögen, Herkunft oder gar Geschlecht spielten bei ihrer Auswahl keine große Rolle, was zumindest im Massensterben die klassenlose Gesellschaft garantierte.

Doch seit Pasteur und Penicillin, seit Hygiene, Impfungen und Vorsorge sind uns die Seuchen zumindest in den westlichen Industriestaaten irgendwie abhandengekommen. Die Spanische Grippe machte sich noch einmal mit Bravour ans Werk, doch seitdem scheitern Comeback-Versuche durch Vogelgrippe, Tetanus und SARS zumeist sang- und klanglos in den keimfreien Isolationszelten der Universitätskliniken. Das Zeitalter der großen Ansteckungskrankheiten scheint vorbei zu sein, wofür wir selbstverständlich angemessen dankbar sind.

Allerdings gäbe es natürlich die Möglichkeit, die guten alten Zeiten »wiederaufleben« zu lassen, denn in diversen Laboren der verschiedenen Militärbasen wird schon seit den Anfängen des Kalten Krieges – noch so eine nostalgische

Floskel – eifrig nach neuen lautlosen Totmachern im Miniaturformat gefahndet.

Was wird da alles zusammengebraut, welch teuflische Cocktails werden da gemischt! In Romanform hat der treffliche Stephen King, im Hauptberuf Angstmacher für Amerikaner, das Thema mit seinem Roman »The Stand« vor einigen Jahren aufs Tapet gebracht: Eine künstlich hergestellte Supergrippe bahnt sich in diesem Epos ihren tödlichen Weg durch die nordamerikanische Zivilisation und entvölkert binnen weniger Wochen den Kontinent. Dass die Handlung sich auch noch mit religiösen Botschaften und moralischen Endzeitfragen herumschlagen muss – Schwamm drüber: Der Kern der Story trifft den Nagel auf den Kopf, denn nach wie vor gibt es – heute zuweilen künstlich produzierte – Keime und Viren, die einen Großteil der Menschheit ebenso geräuschlos wie effektiv von der Erdoberfläche in die Grube und vom Leben zum Tode befördern könnten. Dagegen ist das Ebola-Virus ein sanftes Säuseln, damit verglichen geht die Schwarze Pest als Lachnummer durch.

Verantwortlich für das lustige Experimentieren in jenen Penny-Märkten des Grauens sind sogenannte Virologen im Dienst verschiedener Armeen. Eingehüllt in Schutzanzüge, deren Flanellanteil gegen Null tendiert, rühren und schütteln sie, gucken interessiert zu, wie Mäusen zunächst die Haare vom zitternden Körper fallen, ehe die bedauernswerten Viecher unter der grellen Sonne der Neonröhren mit einem letzten Fiepser ihren Geist aushauchen. Anschließend erstellen sie Excel-Tabellen, in denen die jeweilige Tödlichkeit adäquat und erfolgsorientiert in eine Kosten-Nutzen-Rechnung der Apokalypse verwandelt wird. Chapeau – endlich eine Beschäftigung, für die neben Hingabe, Fleiß und der Bereitschaft, sich ständig desinfizieren zu lassen, auch eine solide Vorliebe für morbide Planspiele verlangt wird. Bravo!

Voraussetzung für eine Anstellung als Virologe einer militärischen Einheit sind also die besagte Hingabe, Präzision, die Bereitschaft zu Überstunden sowie eine möglichst ruhige Hand. Allergien gegen künstliches Licht, eine Abneigung gegen selbsttätig schließende Türen und Bedenken gegen Sicherheitschecks aller Art wären hingegen hinderlich. Der moderne Virologe im Dienste des Militärs sollte sich mit den mannigfaltigen Facetten der Sterblichkeit auseinandersetzen können, möglichst wenig lästiges Gewissen mit sich herumschleppen und die Fähigkeit zum Selbstbetrug besitzen (»Ich tue etwas Nützliches«). Ein gesunder Hang zur Eigensicherung (Impfstoff!) kann ebenfalls nicht schaden.

Natürlich gibt es auch Virologen, die in zivilen Einrichtungen arbeiten, sich an der Schnittstelle zwischen Medizin und Biologie bewegen und äußerst nützliche Arbeit verrichten. Sie erforschen Viren, fahnden nach Gegenmitteln und verfolgen Veränderungen bestimmter Erreger. Auf ihren Forschungen basieren Impfstoffe, und sie beschäftigen sich leidenschaftlich und erfolgreich mit Fragen des Überlebens. Für das Militär jedoch sind diese Leute in der Regel völlig ungeeignet. Zivilisten eben. Weicheier.

Gefahr: ***** (Lassen Sie es uns so sagen: Das Risiko ist nicht offensichtlich und wirkt auf den ersten Blick eher unspektakulär. Zu Schlamperei und Sorglosigkeit sollte man in diesem Job allerdings wirklich nicht neigen.)
Langeweile: ** (Tag für Tag ins Mikroskop zu starren kann ein wenig ermüdend sein, doch wenn man sich vor Augen hält, was die kleinen Fleckchen unter der Linse so alles anstellen können, schläft man sicherlich nicht so schnell ein.)
Seltenheit: *** (In der biochemischen Fakultät der Uni wird man mit dieser Berufswahl nicht gerade zum Einzelgänger,

doch eine Virologen-Party in Berlin dürfte trotz umgebender Großstadt eine überschaubare Veranstaltung bleiben.)

Ekelfaktor: ** (Nee – eklig ist das eigentlich nicht, eher steril. Es sei denn, die Tierversuche nehmen überhand und der Virologe entwickelt Gefühle für seine Laborratten.)

Neidfaktor: * (Dürfte schon angesichts der Berufskleidung nicht allzu hoch sein.)

Perlentaucher

I'm a material girl.«, piepste der strohblonde Marilyn-Verschnitt am Anfang der Karriere, und damit war – schon in diesem frühen Stadium – das Wichtigste über die spätere Pop-Ikone Madonna gesagt. Wenn wir uns jedoch an das Video zu der quietschig geträllerten Kapitalismus-Hymne erinnern, dann fällt uns natürlich die opulente Perlenkette ein, die jene damals noch nicht ganz so heilige Lourdes-Mutter am Schwanenhals spazieren trug und die in ihrer ganzen Pracht und Fülle den Titel des Songs quasi illustrieren sollte.

Wer immer die Idee zu diesem Video und damit auch zur Perlenkette hatte – Respekt. Die Klunker blieben in Erinnerung, wobei sich allerdings kaum jemand die Mühe macht, herauszufinden, woher die Glitzerbrocken eigentlich stammen und wer sie in die Krabbelkisten der Edelsteinhändler bringt.

»Perlen? Wachsen die nicht in Muscheln?«, fragt sich da der gemeine Bildungsbürger, und während er sich noch Rat suchend am Hinterkopf kratzt, sorgen wir für Aufklärung.

Also – im Prinzip ist das mit den Muscheln schon mal nicht falsch, aber die meisten Perlen werden heute »produziert« und entstammen sogenannten Zuchtfarmen. Der japanische Unternehmer Kokichi Mikimoto entwickelte dazu einen Prozess, bei dem kleine Partikel in eine Auster eingepflanzt werden, die die Bildung von Perlen begünstigen. Somit guckt man also der Auster beim Wachsen zu und weiß dabei, dass im Bäuchlein des tumben Tieres eine Perle gleich mitwächst.

Und weil der Mensch a) undankbar und b) gierig ist, macht er die Auster irgendwann einmal einfach auf, klaut den die Verdauung ohnehin hemmenden Klunker und verscherbelt das nunmehr um seine Preziose erleichterte Tier an ein südfranzösisches Gourmet-Restaurant. Und damit – aber das nur am Rande – kommt die Auster dem Ideal von der Eier legenden Wollmilchsau schon ziemlich nahe.

Allerdings – und Kenner wissen das natürlich – rümpfen Snobs beim Wort »Zuchtperle« nur allzu gern das zarte Näschen. Zu sehr industriell produziert, zu gleichförmig, zu perfekt – so richtig teuer ist nur jenes Schmuckstück, das ohne künstliche Beimischungen auf ganz natürlichem Wege als Perlchen in der Auster die Schwangerschaft simuliert. Und genau für diese ungleich selteneren Schmuckstücke engagiert sich jener Berufsstand, der als »Perlentaucher« in die Annalen einging.

Diese eisenharten Burschen – in der Realität eine Mischung aus Aquaman, Surfertyp und Glücksritter – tauchen vornehmlich in asiatischen oder ozeanischen Meeren in Tiefen bis zu zwölf oder sogar fünfzehn Metern nach sogenannten Riesenaustern, kratzen die eher störrischen, wenngleich im Allgemeinen recht lethargischen Viecher vom Meeresgrund und befördern sie an die Wasseroberfläche. Dort werden sie von einem Gehilfen entgegengenommen, mehr oder weniger sanft geöffnet und auf ihren Inhalt überprüft. Ist dieser glitschig-glibberig und müffelt stark nach fischiger Lebensart, so wird die Auster auf den riesigen Haufen ertragloser Artgenossen geworfen und ihre Schale einer späteren Verwendung zugeführt. Enthält sie jedoch eine Perle – ungefähr einmal bei hundert Tauchgängen kommt das vor –, so jubelt der Bootsmann, und der Taucher gönnt sich vor dem Feierabend noch ein kühles Blondes. Oder auch ein Brünettes ...

Was sich hier so flockig liest, ist allerdings ein echter Knochenjob. Der Perlentaucher nämlich kann sich sein Revier zwar aussuchen, aber leider gefällt es dort auch der einheimischen Fauna recht gut. Will heißen: Nicht selten kommt es zu Begegnungen mit stacheligen Rochen, hungrigen Haien oder höchst giftiger Quallen – ein Berufsrisiko, das nicht wenige der verbliebenen Perlentaucher (weltweit gibt es ohnehin nur noch ein paar Dutzend) daran hindert, das Renteneintrittsalter zu erreichen.

Immerhin ist die Lebenserwartung in diesem Berufsstand schon besser geworden als im 18., 19. und frühen 20. Jahrhundert, denn seinerzeit gab es praktisch noch gar keine technischen Hilfsmittel, und kaum ein Perlentaucher überlebte mehr als ein Jahrzehnt seiner Berufsausübung. In jenen goldenen Jahren nämlich, als Neopren-Anzüge noch unbekannt waren und Dominas sich in Sack und Asche kleideten, fetteten die wackeren Schmucksucher lediglich ihre muskulösen Körper kräftig ein, stopften sich ebenfalls eingefettete Baumwolle in die Ohren – zum Druckausgleich – und zwickten sich die Nase mit einer Spange aus Schildkrötenpanzer zu. In die Tiefe sanken sie mit Hilfe eines großen Steins – also ungefähr so wie der kleine Max, der aus dem Nichtschwimmerbereich entkommen ist und – zitternd und zagend – erste Tauchversuche mit einem Gewicht aus Hartgummi unternimmt.

Tausende Jahre lang wurden auf diese Art und Weise Perlen im Indischen Ozean, im Persischen Golf, im Roten Meer und im Golf von Mannar (zwischen Sri Lanka und Indien) gefunden und mehr oder weniger teuer verkauft. Einem Interview des australischen Fernsehsenders ABC aus dem Jahr 2003 mit dem Perlentaucher Lance O'Sullivan, der im australischen Broome am Indischen Ozean arbeitet, lässt sich Folgendes entnehmen: Bei mehreren Tauchgängen verbringt der nicht mehr ganz so junge Mann bis zu zehn Stunden pro Tag unter Wasser – Schichtdienst am Hochofen ist gegen diese Strapazen ein Haufen Zuckerwatte. Die Natur können die Taucher nach wie vor nicht beherrschen, doch alles andere werde von strengen Vorschriften geregelt, erklärte Herr O'Sullivan. Die Arbeitsbedingungen seien gar nicht mehr so übel, wobei allerdings die Floskel »viel an der frischen Luft« in zehn Metern Tiefe viel von ihrem Reiz verliert.

Gefahr: **** (Selbst mit Sauerstoffflasche und Harpune gilt: Runter kommen sie immer – rauf nicht unbedingt.)
Langeweile: * (Jacques-Yves Cousteau und Hans Hass konnten nicht irren.)
Seltenheit: ***** (Aussterbende Gattung)
Ekelfaktor: *** (Quallen, Muränen, Seeschlangen und der Rülpser eines schwadronierenden Tintenfischs können schon mal auf den Magen schlagen.)
Neidfaktor: ** (Zugegeben – das Arbeitsumfeld besteht aus jenen Elementen, die der Thomas-Cook-Reisende für den Himmel auf Erden hält: Wasser, Korallen, Strand und Boot. Wenn man allerdings dauerhaft auf Ansprechpartner, trockene Haare und eine bezahlbare Risikolebensversicherung verzichten muss, wird man nur noch selten um sein Dasein beneidet.)

Kapitel 2

Die seltensten Jobs

Weltweit gibt es nur sehr wenige Menschen, die die hier vorgestellten Berufe ausüben. Dazu gehören zum Beispiel eine Nixe, die in einem Casino in Las Vegas durch ein riesiges Aquarium schwebt, oder der Kokosnuss-Sicherheitsbeauftragte, der in einem Hotel auf den amerikanischen Jungferninseln Gäste vor herabfallenden Kokosnüssen schützt.

Freiheitsstatue

*N*a, die Überschrift schon verdaut? Yep – das haben Sie ganz richtig gelesen: Freiheitsstatue kann auch ein Beruf sein. Also – präziser formuliert: Die Darstellung der Freiheitsstatue ist ein richtiger Beruf. Warum auch nicht, denn was könnte – außer aus Hubschraubern gefilmten Schießereien zwischen Drogenhändlern und der Polizei sowie dem von Andy Warhol verfremdeten Vierfarbdruck eines Big Mäcs – typischer sein für das Land der unbegrenzten Möglich- und Unmöglichkeiten. Das Land, in dem der aus Europa stammende Tellerwäscher noch immer zum Millionär aufsteigen und eine Immobilienblase zum Platzen bringen kann und der puertoricanische Tellerwäscher ein Leben lang ein solcher bleibt. Das Land, in dem Paris Hilton, Pamela Anderson und Monica Lewinsky zu Ikonen werden konnten. Das Land, in dem mehr Präsidenten von schießwütigen Irren angegriffen und/oder gemeuchelt werden als in jeder Dritter-Klasse-Vierte-Welt-Bananenrepublik ... Hier braucht man Symbole, an denen sich zumindest der Reisende orientieren kann. Die *Statue of Liberty* – Wahrzeichen der Stadt New York, obwohl sie lustigerweise auf dem Grund und Boden von New Jersey steht – ist so ein Symbol: kraftvoll, mehr oder weniger elegant und mit einem immens hohen Wiedererkennungswert ausgestattet. Angeblich ist ihr Bild sogar in jugendlichen Kreisen bekannter als das neueste Plattencover von Britney Spears, wobei beides sehr häufig verwechselt wird. Kein Zweifel – die Freiheitsstatue repräsentiert für uns jenes Land auf der anderen Seite des großen Teichs, das sich seit Jahren redlich bemüht, an seinen eigenen Begrenzungen zu ersticken und in einem Südstaatendorf an der Ortsgrenze sogar ein Schild aufstellen lässt, das dem Teufel die Einreise verbietet. Amerika, du hast es besser, hat Goethe gesagt.

1986 war es, als die New Yorker Stadtverwaltung einen Wettbewerb namens »National Statue of Liberty Centennial Look-Alike Contest« ins Leben rief – eine Art Doppelgänger-Freakshow für gelangweilte Hausfrauen aus Staten Island, die sich einbildeten, mit nach oben gereckter Fackel ihren seit Jahren gelangweilten Ehegatten erotisieren zu können.

Nun, den Job bekam keine von ihnen, sondern eine Kunsttherapeutin namens Jennifer Stewart. Sie lebte seinerzeit in Iowa, eine Tatsache, die besagte Kunsttherapeutin wohl auch dazu bewog, sich für den erwähnten Wettbewerb anzumelden. Warum auch nicht? Besser als in Iowa auf das baldige Ableben zu hoffen – was dort die meisten Menschen dauerhaft als Hauptbeschäftigung angeben – war der Trip nach New York allemal, zumal einer ihrer Patienten ihr gesagt hatte, sie sähe der Freiheitsstatue irgendwie ähnlich.

So kam es, wie es fast zwangsläufig kommen musste: Jennifer kam, sah, siegte und blieb. Die Aussicht, als offiziell gekürte *Miss Statue* ins heimische Weizenfeld zurückkehren zu müssen, war so entsetzlich, dass sie folgerichtig ihre angeborene Schüchternheit überwand und fortan regelmäßig als Statue of Liberty posierte. Seitdem verdient sie ihr Geld als lebende Freiheitsstatue und repräsentiert die Stadt New York auf Messen in Japan, Singapur, Brasilien, London oder Mexiko. Sie tritt auf Tagungen auf, war Blickfang bei der Abschlussfeier der New York University, in zahlreichen Werbespots zu sehen, und im Tom-Hanks-Streifen »Joe gegen den Vulkan« (1990) hatte sie eine Nebenrolle. Sie kennen den

Film nicht? Macht nichts – wahrscheinlich kann sich nicht mal mehr Tom Hanks an ihn erinnern.

Ihre klassische Körperhaltung als Freiheitsstatue kann sie bis zu zwanzig Minuten halten und steht auch gerne in der Nähe von berühmten Touristenattraktionen in New York herum, wo ihr verzückt lächelnde Japanerinnen in viel zu kleinen Schuhen Geldstücke in die daneben stehende Pappschachtel werfen. Oder Scheine. Also – meistens eher Scheine. Man verdient gar nicht schlecht mit Rumstehen.

Natürlich hat der Job auch einige Nachteile. Zum einen dauert das tägliche Schminken eine ganze Weile, zum anderen ist das Tragen von Togas nicht mehr unbedingt zeitgemäß und schreckt potenzielle Liebhaber aus der Provinz häufig gründlich ab. Außerdem musste sich Jennifer eigenem Bekunden zufolge erst einmal damit arrangieren, dass wildfremde Menschen – sehr häufig Kinder mit verklebten Schokoladefingern – auf ihr herumklopfen, um zu prüfen, ob die Lady wirklich aus Metall ist. Ist sie nicht, ihr Dumpfbacken. Ehrlich. Ist nur Theaterschminke auf Metallbasis. »Nein, Kevin – nicht in die Brust kneifen. Lass das ... bitte ... Mist – zu spät. Tschuldigung, Lady. Er ist doch noch so klein. Sieht nur aus wie sechzehn, Ehrenwort.«

Tja, Jennifer – aber besser als Iowa ist es trotzdem. Obwohl: Besser als Iowa ist sogar der Tod. Oder ist der Tod im Nebenberuf etwa Iowa? Wer weiß das schon ... Entschuldigen Sie die Abschweifung.

Gefahr: * (Kommt drauf an, wie man Gefahr definiert. Wenn man Angst vor Menschen hat, kann der Job ein bisschen riskant für die Psyche werden.)

Langeweile: **** (Ja, ja – man lernt viele neue Menschen kennen, aber reden darf man mit ihnen nicht. Und mit der Zeit kann Rumstehen ganz schön öde sein.)

Seltenheit: ***** (Die Konkurrenz ist minimal.)

Ekelfaktor: **** (Siehe den Faktor Gefahr: Wenn man darauf steht, betatscht, begrabscht und angeglubscht zu werden, dann ist der Job schön. Wenn nicht, dann kann's zuweilen schon recht eklig sein.)

Neidfaktor: * (»Ach Mama – ich wäre so gern eine Freiheitsstatuendarstellerin ...« Wann haben Sie diesen Satz zuletzt gehört? Noch nie? Nein? Sehen Sie – das beantwortet die Frage nach dem Neidfaktor.)

Würfelinspektor

Sind Ihre Kinder in der Nähe? Nein? Fein – dann lesen Sie jetzt weiter, und wenn die lieben Kleinen sich doch irgendwo in Sichtweite herumtreiben, dann achten Sie darauf, dass sich beim Lesen der folgenden Zeilen Ihre Lippen nicht bewegen. Man kann da gar nicht vorsichtig genug sein.

Also – was ich Sie fragen wollte: Kennen Sie dieses total geile Gefühl, wenn Sie beim Mensch-ärgere-dich-nicht jemanden rausschmeißen können? Ja? Egal, wer es ist – Ihre angetraute bessere Hälfte, Nachbar Dieter, Tante Hilde, Oma Erika oder eben eines Ihrer Kinder –, es ist, seien Sie ehrlich, einfach ein irrer Kick, wenn Sie mit Ihrem blauen Figürchen ganz lässig das gelbe Figürchen vom Spielfeld kicken, schnipsen oder kegeln – mit einer lässigen Beugung Ihres Handgelenks, mit einem subtilen Lächeln, einem traumhaft schönen Gefühl des Triumphs.

Natürlich ist das nicht richtig und schon gar nicht nett, und natürlich sollten Sie sich ein bisschen schämen, denn schließlich geht es bei diesem Würfelspiel nicht um Sieg oder Niederlage, nicht um Tod oder Gladiolen, wie ein berühmter holländischer Fußballlehrer es ausdrücken würde. Nein, im Mittelpunkt steht natürlich der gemeinsame Spaß am gemeinsamen Spiel, die Freude an der zusammen verbrachten Familienzeit, die Genugtuung, die Augen der Kinder leuchten zu sehen ... Gähn ...

Ach, Blödsinn – wem wollen wir etwas vormachen? Der Homo ludens spielt, um zu gewinnen, und Typen, die Spiele um ihrer selbst willen betreiben, lügen uns entweder die Hucke voll, sind nicht ernst zu nehmen oder werden von Sehenden gemeinhin als Mahatma Gandhi identifiziert. Aber wir Normalos, wir wollen gewinnen, wir wollen siegen, wir wollen triumphieren über das Schicksal, über unsere Gegner, über die Ungerechtigkeiten dieser Welt. Und dafür – auch das werden wohl wieder nur einige wenige zugeben – ist uns fast jedes Mittel recht. Gut, für die wöchentliche Nordic-Walking-Runde mit Mathilde werfen wir keine Anabolika ein, und wenn wir uns zum Rommé-Abend im Foyer des Seniorenheims verabreden, dopen wir höchstens mit Traubenzucker und Knoblauch-Dragees, was uns aufgrund des strengen Geruchs meistens ein ausreichendes Maß an Ellbogenfreiheit beschert. Aber wenn es ernst wird, dann ver-lance-arm-strongen wir doch alle. Beim Bingo-Turnier im Pfarrheim würden wir für den Truthahn in der Tombola sogar noch die Zahl des Teufels als unsere eigene ausgeben, wenn wir damit weiterkämen, und welcher Mann hätte beim Strip-Poker mit der heißen Heidi noch niemals seinem Nebenmann in die Karten gelinst? Ein bisschen Schummeln nämlich gilt gemeinhin als statthaft, vorausgesetzt, man lässt sich nicht erwischen, und als echte Helden gelten jene, die sich mit Chuzpe und pfiffigen Ideen nicht nur Kleingeld und Heidis Höschen, sondern gleich den Jackpot erschwindeln.

Womit wir wieder beim Würfeln wären – und bei der Idee, das Glück in der amerikanischen Spielermetropole Las Vegas ein klitzekleines bisschen in die eigene Richtung zu manövrieren. Was wurde da nicht schon alles ausprobiert: vom Kartenzinken über komplizierte Spiegel-Anordnungen beim Black Jack bis zum Magneten im Roulette-Tisch und zum illegalen Team-Play beim Poker – geheime Zeichensprache inklusive.

Und weil auch beim Würfeln gerne mal ein bisserl manipuliert wird, beschäftigt das *Nevada Gaming Board* einen leibhaftigen Würfelinspektor. Wow. Nach dem Zufallsprinzip überprüft dieser ehrenwerte Mann mit einem gottgegebenen Hang zur Penibilität all die kleinen sechsseitigen Geräte, mit denen an den Tischen der Casinos gespielt wird. Zunächst einmal guckt er nach, ob die Punkte auch korrekt auf den Würfeln angeordnet sind. Das ist wichtig, denn sonst könnte irgendein Schlurch ja auf die Idee kommen, einen Würfel zu benutzen, der die Sechs gleich zweimal anzeigt, was seine Chancen naturgemäß über Gebühr erhöhen würde. Übrigens auch beim Mensch-ärgere-dich-nicht. Also gilt: Die Vier muss immer gegenüber der Drei liegen, die Ziffern auf den gegenüberliegenden Seiten müssen zusammen immer sieben ergeben. Des Weiteren werden die Kanten und Winkel überprüft, es wird gecheckt, ob sich die Würfel korrekt drehen und ob auch alle Seiten gleich groß sind.

In zwanzig Jahren hat das *Nevada Gaming Board* nur ein Mal mit manipulierten Würfeln zu tun bekommen. Was aus dem Falschspieler geworden ist, ließ sich leider nicht herausfinden, aber da seinerzeit noch Herren mit italienischen Namen, sehr viel Pomade im Haar und stark ausgebeulten Taschen in Vegas das Sagen hatten, darf man davon ausgehen, dass der Rest seines Tages, nachdem man ihn ertappt hatte, mit Schmerzen angefüllt gewesen sein dürfte.

Gefahr: * (Für den Würfelinspektor ist der Job mit vergleichsweise wenig Risiko verbunden – es sei denn, er übersieht etwas oder macht gemeinsame Sache mit Falschspielern. Dann kann's spannend werden ...)

Langeweile: **** (Ehrlich gesagt: Allzu prickelnd dürfte sich das Untersuchen von Tausenden und Abertausenden gleich aussehender Würfel nicht darstellen.)

Seltenheit: ***** (The one and only)

Ekelfaktor: (Dazu gibt's nix zu sagen.)

Neidfaktor: *** (Alle diejenigen, die einen ruhigen Job suchen, bei dem man wenig zu tun hat, niemals kreativ sein muss, gleichzeitig aber viel Verantwortung trägt und in anregender Umgebung arbeiten darf, dürfen auf den Würfelinspektor zu Recht neidisch sein. Alle anderen nicht.)

Molekular-Barkeeper

*E*rinnern Sie sich noch an Tom Cruise in dem Achtziger-jahre-Filmchen »Cocktail«? Nein? Gut – Sie haben offensichtlich Geschmack und sich nicht einmal in diesen schwierigen Zeiten zu viel Schwachsinn angeguckt. Doch um die cineastische Qualität des Colgate-Scientologen soll es jetzt gar nicht gehen, sondern nur um den irren Schwung, mit dem er samt seinem kongenialer Partner in jenem Streifen hinter der Bar die Cocktails schüttelte. Da wirbelten die Pfötchen, da flogen die Mixer, da kreischten die Ladys, als hätten die New Kids on the Block eiren Heiße-Höschen-Showdown ausgerufen. Seit dieser Performance des Impossible-Dauergrinsers gilt der Beruf des Barkeepers gemeinhin als das Nonplusultra in Sachen Sex-Appeal, als eine Art männliche Antwort auf die Laufbahn als Victoria's-Secret-Model.

Ist ja auch kein Wunder: Alkohol in hohen Gläsern hat schon so manche Frau dazu gebracht, selbst »Liftboy« Silvio Berlusconi leidlich attraktiv zu finden, wobei im Falle des italienischen Bunga-Bunga-Spielers auch stets noch Geld und andere materielle Zuwendungen im Spiel gewesen sein sollen.

Das hat ein guter Barkeeper nicht nötig: Er shakt und rockt und rollt seinen Mai Tai, den Cosmopolitan oder den – Nomen est omen – Sex on the beach, blickt der einsamen Lady tief in die Augen und sagt mit verhaltener Stimme jenen Satz, den Bartender weltweit einfach draufhaben müssen, wenn sie langfristig Erfolg haben wollen: »Ich höre gerne zu.« Wahlweise garniert der diabolische Schüttler dieses rhetorische Paradoxon – Welcher Mann kann wirklich zuhören? – noch mit ein paar Sprüchen aus der Mottenkiste, die umso besser funktionieren, je später der Abend und je höher der Promillepegel beim barhockerbesetzenden Lustobjekt ist. Beispiele dafür wären: »Ihr Exfreund ist blind oder ein Vollidiot.« Oder auch: »Wer könnte Ihnen widerstehen?« Klingt abgeschmackt und trist, ist abgeschmackt und trist, funktioniert aber immer noch erstaunlich häufig. Tschuldigung. Ist eben so.

Angesichts dieser Zusammenfassung könnte man meinen, dass der Beruf des Barkeepers – vorausgesetzt, er wird nicht in Kneipen ausgeübt, die die Worte »scharf« und »Eck« im Namen tragen – für den testosterongeplagten allzeit bereiten Edelhengst der Traumjob schlechthin ist: eine Beschäftigung, die nicht nur ordentlich entlohnt wird, sondern auch noch Spiel, Spaß und Abenteuer verspricht. Doch der Bartender des Hotels Victor (South Beach, Miami) hatte vom Dolce Vita der simplen Art offenbar eines Tages dennoch die Nase voll und beschloss, der bis dato eher begrenzten Karriereleiter seines Berufsstandes eine Sprosse hinzuzufügen. Er wurde zum selbst ernannten »Molekular-Barkeeper«, wobei wir nicht einmal mit Sicherheit sagen können, ob der Gute vor seiner Berufung irgendwann einmal Chemie studiert hat. Er vereist nämlich mittels flüssigem Stickstoff (Erinnern Sie sich an die Szene mit dem fiesen Maschinentyp aus *Terminator II*, der vom guten Arnie vereist wird und dann einfach in sehr, sehr viele Einzelteile zerbröselt? Ja? Das war Stickstoff ...) Früchte und Blätter, aber auch Alkohol und Säfte. Auf diese Weise entstehen knusprige Pfefferminzblüten oder auch Getränke, die sich in Schaum, Gel oder winzige Kügelchen verwandelt haben – ein Panoptikum der Formbarkeit. Die eigentlichen Zutaten bleiben dabei gleich, das Ergebnis jedoch ist höchst spektakulär, zumal viele überzeugte Kunden des smarten Vereisers darauf schwören, seine »Lutsch-Cocktails« schmeckten weitaus besser und frischer als die üblichen Mixgetränke.

Wenn nun der eine oder andere besonders schlaue Leser sich fragt, ab wann zur Hölle eigentlich Alkohol gefriert, dann sei ihm an dieser Stelle verraten, dass man dazu stattliche einhundertvierzehn Minusgrade benötigt und deswegen tunlichst die Zunge nicht zu lange am Glas belassen sollte. Für die Showeffekte im Hotel Victor sorgen übrigens Nebelmaschinen und ein Beleuchter, der sein Handwerk versteht – die Molekular-Cocktails bekommen mittels Lichteffekten ein geradezu dramatisches Flair.

Gefahr: ** (Wirklich ungefährlich ist das Hantieren mit Stickstoff natürlich nicht – ein bisschen Vorsicht ist durchaus angebracht.)

Langeweile: ** (Solange man einigermaßen kreativ ist, muss man Langeweile nicht fürchten, aber wenn Sie anfangen, aus Überdruss vorbeifliegende Vögel zu vereisen, dann sollten Sie sich nach neuen Herausforderungen umsehen.)

Seltenheit: **** (Noch haben Sie ziemlich viele Chancen, als gastronomischer Sonderling für Furore zu sorgen.)

Ekelfaktor: ** (Eklig wird's nur dann, wenn zu viel Alkohol auf zu wenig Hirn trifft. Aber das kennt man ja auch in anderen Bereichen der Gastronomie.)

Neidfaktor: **** (Man kann Mädels beeindrucken, mit potenziell gefährlichen Dingen spielen und ist Herr über unzählige Flaschen. Klar, dass man da beneidet wird.)

Meerjungfrau

Jetzt aber mal ganz spontan: Denken Sie an Las Vegas, und dann zählen Sie auf, was Ihnen dazu in den Sinn kommt. Elvis? Okay – von mir aus auch Elvis. Immer noch besser, als wenn Sie Celine Dion gesagt hätten. Oder Liberace. Spielcasinos? Klar. Die gibt's dort. Massig. Und eines größer als das andere. Und kitschiger. Und bunter. Was noch? Black Jack? Okay, lassen wir gelten. Poker, Roulette, Croupier, George Clooney in *Ocean's Eleven*? Alles super – Sie kennen sich aus. Glückwunsch! Eventuell hätten Sie noch die Mafia aufzählen können, und die Pyramidennachbildungen oder ein paar Namen wie beispielsweise »Cesar's Palace« in den Raum werfen können, doch selbst wenn wir das zeitraubende Assoziationskettenspiel für den Frühverrenteten noch weiter betrieben hätten, wären Sie auf eines mutmaßlich wohl nicht so schnell verfallen: Meer.

Richtig gelesen: Meer. Meer wie Wasser, viel Wasser, noch mehr Wasser, Meerwasser. Ja, wieso das denn? Las Vegas, das wissen auch diejenigen, die Geografie stets für einen Nebenzweig der Mathematik gehalten haben, liegt in der Wüste von Nevada. Mittendrin. Die urbane Version des Death Valley sozusagen. Gobi in Prunk, Sahara in Pink und Glitter. Wasser ist in Las Vegas zwar vorhanden, soll aber schon seit Jahrzehnten gespart werden, damit es weiterhin über endlos lange Leitungen aus unendlichen Tiefen in unglaublich kitschige Brunnendekorationen gepumpt werden kann. Und damit es aus den vergoldeten Wasserhähnen fließt, wenn Scheich Mohammed al Saphir auf der Herrentoilette seine soeben gepuderte Nase mit amerikanischem Nass entweihen will. Also – lange Rede, megakurzer Sinn: Wasser ja, Meerwasser nein, denn Vegas ist gemeinhin so trocken wie die Hautfalte am solariumsgebräunten Hintern eines New Yorker Investment-Bankers und vom Meer so weit weg wie RTL II vom guten Geschmack.

Trotz dieser unbestreitbaren Tatsachen existiert in Vegas ein Berufsbild, für welches das Vorhandensein von Meerwasser eigentlich unabdingbare Voraussetzung ist: die Meerjungfrau. Nun stutzen Sie, kneten sich die Fingerknöchel und denken scharf nach: Meerjungfrau – dat jibt et doch jar nit, dat is doch ne Lejende. Von wegen Arielle und so. Walt-Disney-Budenzauber, Zeichentrick – und wenn Sie jetzt doch noch auf Hans Christian Andersen und Kopenhagen kommen, dann haben Sie sich fast schon für den großen IQ-Test auf der Homepage des Tirschenreuther Kaninchenzüchtervereins qualifiziert.

Um Ihrer aufkommenden Skepsis eine gewisse Stabilität zu verleihen, sei Ihnen gesagt, dass es Meerjungfrauen tatsächlich gar nicht gibt. Sagen wir mal so – das steht jetzt im Raum. Das Zwitterwesen aus Fisch und Fotomodell entsprang ursprünglich den fiebrig-feuchten Wunschträumen skorbutgeplagter Segelschiffmatrosen, die nach achtundzwanzig Wochen zwischen Kap Hoorn und Kap Itän (Achtung – Wortspiel!) nicht allzu viel Hirnschmalz auf die Frage verwenden wollten, wie in Dreiteufelsnamen sie ihre Triebe denn an einem schuppigen Fischschwanz ausleben könnten. Denn dem fröhlich gestrickten Seemannsgarn zur Folge war das Zwitterwesen unten herum statt mit den für die Fortpflanzung notwendigen weiblichen Attributen mit einer ansehnlichen Flosse gesegnet. Dessen ungeachtet verbreitete sich die Mär von der bezaubernden Dame aus dem kühlen Nass im Laufe der Jahrhunderte über den Globus und gelangte nach einem letzten Abstecher in die Disney-Studios zur Endstation Las Vegas. Dort nämlich, genauer gesagt im gigantischen Aquarium der *Silverton Casino Lodge*, tummeln sich Tag für Tag zwei Meerjungfrauen, im Volksmund gerne auch als »Nixen« bezeichnet, um mit den ebenfalls dort beheimateten Fischen ein fröhliches Ringelreihen zu schwimmen. Immer in Fünfzehn-Minuten-Schichten schweben sie mehr oder weniger grazil zwischen den darob offenkundig wenig beeindruckten Meeresfrüchten herum, füttern diese und bescheren so manchem sexuell noch nicht ganz ausgereiften Teenager die ersten Fantasien, mit denen Therapeuten später dann viel Geld verdienen dürfen.

Weil alles in Las Vegas seinen stolzen Preis hat, werden die beiden natürlich nicht rund um die Uhr beschäftigt, sondern dürfen sich – selbstverständlich obenrum züchtig mit Bikini verhüllt – nur von Donnerstag bis Sonntag den Touristen präsentieren.

Ach so, ja: Natürlich sind die beiden Damen in dem Tank, der neben rund 440 000 Litern Wasser mehrere Tausend tropische Fische, zwei verschiedene Rochen- und gar drei verschiedene Hai-Arten beherbergt, gar keine echten Meerjungfrauen. Soll heißen: Sie kommen nicht aus dem Meer und sind wahrscheinlich auch keine Jungfrauen mehr. Vermuten wir jetzt mal. Die eine war einst Olympiateilnehmerin im Synchronschwimmen und die andere ... äääh ... also die schwimmt auch. Wirkt sehr grazil. Ehrlich.

Gefahr: * (Angeblich sind die Haie, die sich mit im Becken tummeln, vollkommen harmlos, sodass die größte Gefahr wohl darin besteht, dass sich liebestrunkene Märchenfreunde zwecks Erfüllung unstillbarer Sehnsüchte spontan ins Becken stürzen. Lästig, aber eher ungefährlich.)

Langeweile: *** (Gerade weil die Haie harmlos, das Wasser warm und die Ausmaße des Beckens begrenzt sind, sind die Nixen-Schichten nicht unbedingt dramatisch zu nennen.)

Seltenheit: ***** (Es gibt nicht viele, die sich ihre Heringsstulle als Meerjungfrau verdienen könnten – fünf Sterne.)

Ekelfaktor: ** (Siehe auch beim Punkt »Gefahr«. So richtig eklig wird's aber dann, wenn die Nixen dazu verdonnert werden, den liebeskranken Fan wiederzubeleben. Iihgitt. Dann doch lieber ein Date mit Liberace. Ach so. Der ist schon tot? Egal, immer noch besser ...)

Neidfaktor: ** (Kleine Mädchen, die gerade »Arielle« im Heimkino geguckt haben, könnten durchaus neidisch sein. Ansonsten nur mittellose Ex-Leistungsschwimmer, die außer Wassersport nichts gelernt haben und dringend ein paar Mücken brauchen.)

Kokosnuss-Sicherheitsbeauftragter

*A*uf dem amerikanischen Eiland St. Thomas, auch als eine der Jungferninseln bekannt, pflegten und pflegen gemeinhin Prominente und solche, die sich für prominent halten, gerne Urlaub zu machen. Liz Taylor und Richard Burton verbrachten dort gefühlte sieben Mal ihre Flitterwochen, Aristoteles Onassis schubste hier die jugendlichen Bewunderer seiner ex-präsidialen Neu-Gattin über die Reling, und sogar Richard Nixon soll hier ausnahmsweise nur der säuselnden Brandung gelauscht haben. In jüngster Zeit wurden Hollywood-Schönheiten wie Angelina Jolie oder Cate Blanchett hier ebenso gesichtet wie Beaus vom Range eines George Clooney oder Brad Pitt. Selbst Victoria Beckham nebst schmückendem Metrosexuellen am Bändel ihrer Handtasche sah man hier schon über die Uferpromenade streunen – ob ihrer Bulimie von den übrigen Selbstdarstellern fast gänzlich übersehen und angeblich häufig mit dem behängten Zweig eines Haselnussstrauchs verwechselt.

Ist dieses St. Thomas also eine Art Freigehege für Ladyshave-Ikonen und hollywoodaffine Paparazzi? Weit gefehlt, denn hier auf St. Thomas ist der Mensch noch Mensch und der Promi ... nun ... eben noch ein Promi. Hier legt man Wert auf ein kuscheliges Wohlfühlambiente, dessen mit Dollarscheinen gepolstertes Portfolio Diskretion, Luxus und vor allem ein Höchstmaß an Sicherheit garantiert. Nein, nein – aus dem *Ritz Carlton Hotel* auf St. Thomas, einem jener »Resorts«, deren Strände mutmaßlich regelmäßig mit Tonnen von Puderzucker aufgehübscht werden (bei Zuckermangel wird aus Bolivien Ersatzstoff eingeflogen), wird man niemals Informationen für eine Homestory über Roberto Blanco erhalten. Da kann er sein faltiges Grinsen noch so sehr neben einer ein Viertel so alten Dame emporrecken und via Schlagzeile im Geriatrie-Magazin verkünden lassen: »So lebt sich's im Paradies.«

Das *Ritz Carlton* des Eilands ist vielmehr bemüht, seinen Gästen größtmöglichen Luxus in einer Atmosphäre gediegener Ruhe zukommen zu lassen. Dieses Hotel legt einfach Wert auf die wirklich wichtigen drei großen D's: Diskretion, Dollars, Dekadenz. Zugegeben – vor allem wenn die Handtaschen-Wiedergeburt Paris Hilton den Haupteingang passiert, geht die Diskretion schon mal über Bord, doch im Allgemeinen achtet das Personal peinlich genau darauf, dass nichts und niemand den zweibeinigen multimedialen Trendsettern die Laune verderben kann. Ruhe lautet hier die erste Bürgerpflicht, gefolgt von der Sicherheit für den Cineastenadel.

Und genau deswegen gibt es hier auch den Job des Kokosnuss-Sicherheitsbeauftragten, der natürlich nicht so heißt, aber laut Stellenbeschreibung genau dafür zuständig ist. Dieser spezielle Security-Mitarbeiter ist nämlich eigens dafür abgestellt, die auf Tropeninseln gerne ungehemmt wuchernden Kokosnüsse im Auge zu behalten – selbstverständlich aus gutem Grund. Die pelzigen Milchbonbons bringen zuweilen tatsächlich ein Gewicht von etlichen Kilogramm auf die Waage und haben die unangenehme Eigenschaft, sich im Zustand der Reife von der wiegenden Palme im Sauseschritt abwärts zu bewegen.

Im Klartext: In einem gewissen Status plumpsen die Dinger runter wie die Felsbrocken von den Zinnen der mittelalterlichen Burg, wenn die Hunnen vor den Toren derselben standen – und da wie dort verursacht das Prinzip der Schwerkraft manche dramatisch eingedellte Denkerstirn. Rund einhundertfünfzig Menschen sterben weltweit pro Jahr durch herabstürzende Kokosnüsse, denn wenn die prallen Dinger aus einer Höhe von acht bis zehn Metern auf die Hirnschalen von Flaneuren oder Schattensuchenden herniederfallen, dann winkt mit Macht der spontane Schädelbruch. Zum Vergleich: Von Haien werden jährlich nur etwa zehn Menschen auf dem ganzen Globus an Odins Tafel entsandt, sodass die Folgerung ganz klar heißen muss: Haie? Kleine Fische – ein echter Killer ist die Kokosnuss.

Der mit einem Höchstmaß an Achtsamkeit beauftragte Kokosnusswächter hat demzufolge die Pflicht und Schuldigkeit, den Nussbestand des hoteleigenen Strandes täglich mehrmals zu inspizieren – und zwar gründlich. Sobald er eine Nuss entdeckt, deren Reifegrad einen bevorstehenden Sturzflug signalisiert, erklettert er flugs das stolze Palmengewächs und entfernt die tickende Botanikbombe unverzüglich. Und nicht, dass Sie nun denken, der Mann hätte praktisch nichts zu tun: Eine grobe Schätzung der Zahl der hoteleigenen Palmen allein in den Gärten des hier genannten *Ritz Carlton* ergab einen Annäherungswert von über tausend Stück.

Gefahr: ** (Man muss schon ein guter Kletterer sein, um diesen Job machen zu können, und natürlich kann man runterfallen und sich dabei ziemlich wehtun. Tödliche Risiken sind jedoch nicht zu befürchten, denn der Boden unter Palmen besteht gemeinhin aus Sand.)

Langeweile: ** (Der Arbeitsplatz ist paradiesisch, von den Palmenwipfeln hat man einen wunderbaren Einblick in zahlreiche Dekolletés, doch langfristig gilt der Merksatz: Kokosnuss – hast du eine gesehen, so kennst du sie alle.)

Seltenheit: **** (Wir können nur vier Sterne vergeben, denn es ließ sich nicht exakt ermitteln, ob es den Job mittlerweile auch in anderen Hotelanlagen gibt.)

Ekelfaktor: (Eklig ist da nix.)

Neidfaktor: ** (Mal abgesehen vom Arbeitsumfeld, das sicherlich für eine Löffelspitze Neid sorgen könnte, gibt es für die meisten Menschen wahrscheinlich nur vergleichsweise wenig Gründe, sich beruflich mit der Sicherheit von Kokospalmen auseinanderzusetzen.)

Kapitel 3

Die tierischsten Jobs

Wer diesen Berufen nachgeht, hat mit Tieren zu tun:
als Schlangenfänger oder als Entenmeister in einem Hotel in
Memphis. Der bringt jeden Tag fünf Enten von ihrer
»Wohnung« auf dem Dachboden zu einem Hotelbrunnen, in
dem sie dann sechs Stunden schwimmen dürfen. Wer also
Tiere liebt, kann sich beruflich wirklich austoben.

Entenmeister

*W*as fällt Ihnen spontan zum Thema »Ente« ein? À l'orange? Peking? Donald Duck? Gar nicht schlecht, Sie kleines Assoziationswunder. Doch Enten sind vielseitige Geschöpfe. Sie tragen entscheidend zur Familiensättigung am Ersten Weihnachtsfeiertag bei; sie lassen sich spürbar zäher auf angeblich chinesisches Porzellan in bundesdeutschen Bahnhofsgegenden fallen – und sie sind für den möglicherweise seltensten Job der Welt verantwortlich: den des Entenmeisters im *Peabody*.

Nun wirft diese Einleitung natürlich eine Menge Fragen auf. Beginnen wir mit dem *Peabody*, bei dem es sich um ein Hotel in jener Stadt handelt, in der Elvis angeblich das Zeitliche gesegnet hat. Wobei wir natürlich alle genau wissen, dass der King of Rock 'n' Roll lebt, sich bester Gesundheit erfreut und einen Souvenir-Shop am Hafen von Sydney betreibt. Oder so. Zurück zum Thema: Das *Peabody* ist also eine Gastlichkeit in Memphis, Tennessee, USA, und beherbergt Enten.

Stopp. Zurückspulen. Noch einmal: Das *Peabody* ist ein Hotel für durchaus menschliche Gäste, doch traditionell wird es auch von Enten bewohnt. Besser? Okay.

Nun mögen Sie sich fragen, was das doch als emotional eher zurückhaltend geltende Federvieh, das bestenfalls mittels Daunenprodukticn zum Kuscheln anregen könnte, in einem Hotel zu suchen hat.

Vorratshaltung? »Das hier ist Emma. Sie könnte heute

Abend mit Orangenscheiben, Rosmarin und Salbei auf Ihrem Teller liegen. Oder wie wäre es mit der etwas fetteren Jolanthe ...?«

Nein, nein, nein – das ist es nicht. Hier geht es nicht darum, sadistischen Veganerfeinden mittels Visualisierung am lebenden Objekt das Wasser im Mund zusammenlaufen zu lassen – hier geht es um possierliche Tierchen, die keinen echten Nutzwert haben, aber so etwas wie amerikanische Tradition verkörpern.

Nun könnten Sie, werte Leser, nicht ganz zu Unrecht einwenden, dass sich die Worte »amerikanisch« und »Tradition« nicht viel besser vertragen als »Parkinson« und »Mikado«. Der US-Bürger rechnet bekanntlich schon die Erfindung halbautomatischer Feuerwaffen der Antike zu. Doch im *Peabody* weiß man auch Anfänge zu würdigen, die nicht in der Steinzeit liegen und dennoch eine Art rustikalen Charme der Gründerjahre versprühen.

Die Geschichte der besagten Enten beginnt im Jahr 1933, als Hotelmanager Frank Schutt zusammen mit einem Freund von einem Jagdausflug aus Arkansas zurückkehrt. Die beiden – möglicherweise keine ausgesprochenen Abstinenzler und Überlebende der Prohibition – hielten es für eine ausnehmend witzige Idee, einige der Enten, die sie als Köder benutzt hatten, in den Hotelbrunnen zu setzen. Nun war und ist dieser Brunnen nicht eben riesig, sodass die Fünf im Zusammenhang mit den Enten zur magischen Zahl wurde – ansonsten hätten militante Tierschützer schon längst eingegriffen und den zu knapp bemessenen Lebensraum der Viecher angeprangert.

Tatsächlich waren die Hotelgäste begeistert, und so bekamen schon bald fünf Enten ein festes Zuhause im Brunnen sowie eine komfortable Übernachtungsgelegenheit auf dem Hoteldachboden, von dem aus sie jeden Vormittag um elf Uhr zum Schwimmen und um siebzehn Uhr wieder zurückgeführt wurden. Ab 1940 übernahm die Aufgabe des »Entenmeisters« der Hotelpage Edward Pembroke, der sich somit als erster Vertreter seines Berufsstandes feiern lassen konnte und in Memphis angeblich nur unwesentlich weniger populär war als der bereits erwähnte Mr. Presley. Pembroke war es auch, der den Tieren das rhythmische Watscheln zur Musik beibrachte – ein Schauspiel, das seitdem den ebenfalls einzigartigen Namen »Peabody-Entenmarsch« trägt. Wer's ganz genau wissen will: Die Enten watscheln zur Melodie von John Philip Sousas »King Cotton March«.

Pembroke war für diese Arbeit wie geschaffen, denn wie's der Zufall wollte, hatte er vor seiner Karriere als Page Zirkustiere trainiert. Und er waltete seines einzigartigen Amtes bis 1991 – über ein halbes Jahrhundert also.

Den Entenmarsch kann man noch immer täglich um elf Uhr und um siebzehn Uhr beobachten. Heute heißt der Entenmeister Jason Sensat; ihm obliegen mittlerweile auch Pflege und Training der Vögel. Wenn eines der Tiere den wohlverdienten Abflug in die ewigen Jagdgründe macht, wird der Leichnam diskret entsorgt (Nein, nicht gegessen. Ehrensache. Enten tauchen übrigens auch auf der Speisekarte des Hotels überhaupt nicht auf.), und es wird aus der Schar der bereits für diese Aufgabe trainierten Ersatzkandidaten ein Nachfolger ausgesucht. Sie wissen ja: »The show must go on.« Allerdings geschieht das wesentlich seltener, als man vermuten würde, denn eigentlich verbringt jede Ente nur drei Monate im Hotel und darf dann wieder zurück auf eine Entenfarm in der Umgebung. Der Tierschutz!

Und weil Amerika eben Amerika ist und weil dort bekanntlich fast alles möglich ist, wurden einige prominente Entenbesucher bereits zu »Ehrenentenmeistern« ernannt. Der Titel ist fast so selten wie die Bezeichnung »Ehrenmitglied« im

Club der außerehelichen Versuchungen von Bill Clinton. Unter den Trägern finden sich die Südstaatenantwort auf das Sumo-Ringen Oprah Winfrey, Brillengott Larry King oder auch der Berufsjugendliche Kevin Bacon.

Gefahr: (Gefährlich ist da nix, es sei denn, man fürchtet sich davor, als »Entenmeister« nicht ganz ernst genommen zu werden ...)

Langeweile: **** (Um ehrlich zu sein: Spätestens nach dem dritten Watschel-Marsch durch die Lobby ähnelt der Job doch ziemlich dem eines ganz gewöhnlichen Tierpflegers.

Ausnahme: Britney Spears und Christina Aguilera stürzen sich voller Begeisterung und nur leicht bekleidet zu den Enten in den Brunnen.)

Seltenheit: **** (Es gibt Vorgänger und es gibt Nachfolger, doch es kann immer nur einen zugleich geben.)

Ekelfaktor: ** (Enten essen, Enten verdauen – und Enten achten zuweilen nicht so ganz exakt darauf, wo sie ihr Geschäft verrichten. Okay. Mit Elefanten ist dieser Aspekt deutlich gewaltiger.)

Neidfaktor: ** (Kinder könnten neidisch sein – ansonsten wohl kaum jemand. Kein Wunder, denn die ständige Konversation mit Federvieh macht auf Dauer halt doch einsam.)

Rabenhüter im Tower von London

Stellen Sie sich doch mal die folgende Szene vor: Tony Blair, jener Premierminister, den die Briten einst vergötterten, als wäre er Kennedys Wiedergänger, und den sie am Ende seiner Amtszeit liebend gerne gegen Saddam Hussein eingetauscht hätten, schleicht mit einer Fackel (eine Taschenlampe wäre zu prosaisch und der Situation nicht angemessen) durch die düsteren Gänge des Towers von London. In der freien Hand führt er ein kleines Hackebeil mit sich, dessen Klinge rasiermesserscharf geschliffen ist. Hinter einer Biegung hält er inne – das leise Geräusch raschelnder Flügel und ein heiseres Krächzen treiben seinen Pulsschlag in die Höhe. Beinahe lautlos nähert er sich jener Tür, hinter der die verräterischen Geräusche nun etwas deutlicher zu hören sind. Mit einem Nachschlüssel, dessen Anfertigung einem gewissen Mr. Q zugeschrieben wird, öffnet er die unauffällige Tür und leuchtet mit der Fackel in den Raum dahinter. Dort sitzen auf einer Stange sieben schwarze Vögel, haben die Köpfe unter die Flügel gesteckt und schlafen tief und fest.

Mit einem dämonischen Grinsen nähert sich Tony »the unbeatable« Blair der Stange. Kaum eine Sekunde später saust das Hackebeil (rasiermesserscharf – Sie erinnern sich?) zum ersten Mal abwärts – ein Flattermann wird in zwei Stück gehackt; entseelt plumpsen die sterblichen Überreste zu Boden. Die anderen Tiere werden nun wach, kreischen entsetzt, flattern wild mit den Flügeln, und nur weil sie mit güldenen Ketten an der Stange festgebunden sind, erheben sie sich nicht zu wilder Flucht in die Lüfte. Tony »the from now on so called raven killer« Blair schwingt immer wieder sein Beil (rasiermesserscharf, klar jetzt, oder?), schlägt nach den wild und verzweifelt flatternden Vögeln und schreit dazu wie besessen: »Einen noch. Nur noch einen. Dann krieg ich dich, du Königinnen-Schlampe. Dann ist es aus. Dann musst du dich verpissen. Raus aus England ...« (O-Ton: »One more, only one more. I'll get you, you bitch of a queen. It'll be over in a second. You have to leave. To piss off. Out of England ...«)

In diesem Moment geht die Tür hinter Tony »the Queen hater« Blair erneut auf, und eine Stimme sagt: »Not again, Mr. Ex-Primeminister. These are the crows of my mother-in-law. The ravens are safe.« (Die deutsche Übersetzung hierzu: »Nicht schon wieder, du blöder Idiot von einem abgehalfterten Ex-Premier-Minister. Du hirnloses Stück Schlächter prügelst gerade auf die Krähen meiner Schwiegermutter ein. Die Raben sind natürlich in Sicherheit.« – *Briten drücken sich im Allgemeinen weniger drastisch aus. Anm. d. Redaktion.*)

Was sich hier liest wie ein literarischer Albtraum, den sich Edgar Allan Poe in einer sehr schwachen Stunde ausgedacht haben könnte, ist natürlich eine reine Groteske, die mit den tradierten Behauptungen spielt, dass Tony Blair die Queen nicht leiden konnte und die Monarchie möglichst bald abschaffen wollte. Bis zum Beweis des Gegenteils müssen wir davon ausgehen, dass Mr. Blair niemals mit einer Fackel durch den Tower schlich, doch die Sache mit den Raben und der tiefen Stimme hat schon irgendwie ihre Berechtigung. Denn im Tower von London leben seit geraumer Weile tatsächlich sechs Raben (sogar sieben, inklusive des Ersatzmanns), denn ein angeblich aus dem Mittelalter stammendes Sprichwort lautet: »Wenn die Raben den Tower von London verlassen, wird die Krone fallen und Großbritannien mit ihr.« Und da niemand ernstlich die Krone runterschmeißen will und Großbritannien gar nicht so recht weiß, wohin es noch fallen könnte, beherbergt der Tower ganz offiziell die besagten Raben.

Ganz freiwillig leben die Tiere dort übrigens nicht, denn da ihre Flügel akkurat gestutzt werden, reicht es bestenfalls zu einigen Hüpfern im Hof der altehrwürdigen Burg, in der auch die Kronjuwelen ihr tristes Dasein fristen. Die Flucht per Flug ist jedenfalls (fast) unmöglich.

Ursprünglich allerdings dienten die Raben nicht unbedingt dekorativen Zwecken und waren nicht einmal besonders gern gesehene Gäste. Es wird nämlich behauptet, dass sie vom Leichengeruch jener angelockt wurden, die dem Königshaus nicht genehm waren und folgerichtig gerne mal einen Kopf kürzer gemacht wurden. Bei der Hinrichtung von Anne Boleyn im Jahr 1536 waren sie anwesend: »Selbst die Raben des Towers saßen still und unbeweglich in den Zinnen und starrten unheimlich auf die seltsame Szene. Eine Königin wird sterben!«, heißt es in einem zeitgenössischen Bericht, der – ganz im Stil jener Tage – nicht eben mit Pathos spart. Die ersten dort absichtlich gehaltenen Raben lebten dort vermutlich zur Zeit des Königs Charles II., der von 1660 bis 1685 regierte. Die erste schriftliche Erwähnung der fröhlichen Flattermänner stammt jedoch erst aus dem Jahr 1859. Das Buch »The Tower from Within« von George Younghusband sieht den Ursprung der Raben sogar erst im 19. Jahrhundert, und im Zweiten Weltkrieg überlebte nur ein einziges Tier die deutschen Bombenangriffe auf London.

Übrigens: Von den erwähnten Einschränkungen der Bewegungsfreiheit einmal abgesehen, geht es den Raben im Tower ziemlich gut. Farblich mittels Bändern am dürren Bein gekennzeichnet, haben sie durch den offiziell ernannten Rabenhüter eine ganz persönliche Ansprache und speisen wesentlich opulenter als ihre Artgenossen in Freiheit.

In einem Interview mit der BBC im Jahr 2007 erzählte Rabenmeister Derrick Coyle, dass er den Tieren frisches Lamm, Rindfleisch, Hühnchen und Leber besorgt, aber auch ab und zu einmal überfahrene Tiere am Straßenrand mitnimmt – auch für unsereinen bekanntlich immer wieder ein echter Gaumen- und Augenschmaus ... Im Winter bekommen die Tiere zusätzlich Lebertran, und jeden zweiten Tag gibt's ein gekochtes Ei und kleingeschnittene Äpfel oder Trauben. Damit ernährt sich jeder einzelne dieser Raben mutmaßlich gesünder als der menschliche Durchschnittsbrite, dessen einheimische Küche in anderen Ländern Europas als Völkermord begriffen wird. Nicht umsonst lautet das bekannte Sprichwort: »In England essen und dann sterben.« Oder jedenfalls ganz ähnlich.

Die Raben gelten offiziell als Soldaten des Königreichs, und wie Soldaten können sie auch entlassen werden, wenn sie sich schlecht benehmen. So wurde zum Beispiel 1986 der Rabe George in den vorzeitigen Ruhestand nach Wales geschickt, weil er mutwillig die Fernsehantenne des Towers angegriffen und zerstört hatte. Ein unverzeihlicher Akt der Aggression, doch möglicherweise wurde das Tier auch dadurch provoziert, dass es Funkwellen vom »Haus am Eaton Place« empfing und diese nicht länger ertragen konnte. Man weiß es nicht.

Wie andere Soldaten können die Raben übrigens auch desertieren. So gelang es zum Beispiel einem Tier trotz seiner gestutzten Flügel, den Tower zu verlassen und sich fortan in einem Pub einzunisten. Das Tier hieß übrigens Grog.

Ein typischer Tag des Rabenhüters? Er beginnt in der Morgendämmerung: Derrick Coyle begrüßt jeden Raben mit Namen und lässt sie aus den Käfigen, in denen sie die Nacht verbringen. Dann beziehen die Tiere ihre Territorien auf den Rasenflächen des Towers – halb fliegend, halb laufend. Sie bekommen Frühstück, dann müssen ihre Käfige sauber gemacht werden. Während der Rabenhüter seinen Zweitjob als Wächter des Towers ausübt, sieht er immer wieder nach seinen Schützlingen. Die Raben bleiben draußen, bis es dunkel wird – der Tag des Rabenhüters kann also vor allem im Sommer sehr lang sein. Die Tiere sind sehr gehorsam und kommen am Abend von selbst nach Hause, wenn der Rabenhüter nach ihnen pfeift.

Dem gefällt der Job, wie es dem bereits erwähnten BBC-Interview zu entnehmen ist: »Die Raben sind Teil meiner Familie. Jeder hat seinen eigenen Charakter. Sie sind sehr intelligent und machen gerne Unfug.« Wir gehen an dieser Stelle davon aus, dass der andere Teil von Mr. Coyles Familie keine Flügel hat.

Um ein Wächter des Towers zu werden, muss man mindestens zweiundzwanzig Jahre in der britischen Armee gedient haben und den Rang eines »Warrant Officer« (Stabsfeldwebel) erreicht haben. Dafür darf man als solcher dann auch in einer Wohnung im Tower wohnen. Sechs Prozent des jährlichen Einkommens wird als Miete abgezogen – angesichts der prominenten Adresse ein echtes Schnäppchen.

Gefahr: * (Der Tower gilt als Anschlagsziel potenzieller Monarchiegegner, doch dafür tendiert die Einbruchsgefahr gegen Null.)

Langeweile: *** (Raben zu dressieren soll angeblich eine recht anspruchsvolle Aufgabe sein. Das glauben wir gerne, können uns aber nicht vorstellen, dass sich damit ein langes Arbeitsleben sinnvoll ausfüllen lässt. Obwohl ... es handelt sich um Briten. Dann vielleicht doch.)

Seltenheit: **** (Bei den Raben handelt es sich um Soldaten, beim Rabenmeister also sozusagen um den Kompaniechef. Per se ist diese Konstellation recht weit verbreitet, doch die »tierische Komponente« sorgt für eine gewisse Exklusivität.)

Ekelfaktor: (Es ist ein bisschen wie bei den Enten, siehe oben. Aber wenn man nichts gegen Raben hat, muss man sich nicht ekeln.)

Neidfaktor: **** (Es ist vor allem die Wohnung, die Neid hervorruft, denn viel prominenter kann man in London kaum wohnen. Vielleicht noch im Buckingham Palace, aber da hat man so anstrengende Mitbewohner.)

Schlangenfänger

Die Schwarze Mamba, die Kapkobra, die Puffotter und die Gabunviper haben mehrere Dinge gemeinsam: Es handelt sich um Schlangen, sie sind allesamt giftig, als Haustiere eher ungeeignet und gelten als wenig anschmiegsam. In unseren Gegenden sind giftige Schlangen – immerhin rund fünfhundert Arten gibt es weltweit – eher rar, und wenn jetzt jemand die Kreuzotter in den Ring wirft, so nötigt uns das bestenfalls ein müdes Lächeln ab. Beispielsweise gegenüber der Gemeinen Sandrasselotter (Das Wort »gemein« ist nicht als Wertung gedacht, sondern gehört zum Namen) verhält es sich mit der Kreuzotter wie mit Victoria Beckham im Vergleich zu Hannibal Lecter. Beide sind irgendwie ein und derselben Gattung zuzuordnen, doch bei einem Zusammentreffen mit Herrn Lecter sollten wir uns deutlich mehr Sorgen um unsere Gesundheit machen.

Weltweit, so meldete es die deutsche Ärztezeitung im Mai 2010, sterben jährlich etwa 100 000 Menschen an den Folgen eines Schlangenbisses, was naturgemäß nicht eben dazu beiträgt, dass unsere schuppigen Planetenmitbewohner auf der Beliebtheitsskala nachhaltig punkten können. So ist es auch nicht weiter verwunderlich, dass sich vor allem jene Menschen, die in Australien, bestimmten Gegenden Asiens, in Süd- und Mittelamerika sowie natürlich auf dem afrikanischen Kontinent wohnen, gerne rückversichern. Wer will schon eine oder mehrere der todbringenden Mäusevertilger unter dem Küchenbuffet haben? Zu diesem Behufe existiert in jenen Breitengraden der Beruf des Schlangenfängers. Dieser hat in erster Linie die Aufgabe, die lästigen Viecher aufzustöbern und möglichst weit fortzuschaffen – wie er das anstellt, bleibt sein Problem.

Es gibt Schlangenfänger, die mit Ködern arbeiten und Nachtsichtgeräte benutzen; es gibt Experten, die sich auf das Ausräuchern von Schlangengelegen spezialisiert haben, um ein Neubaugebiet langfristig schlangenfrei zu machen, und es gibt den freiberuflichen Snakecatcher, der immer dann gerufen wird, wenn sich spontan herausgestellt hat, dass es sich bei der roten Rolle in der Sofaecke nicht um den neuen Ledergürtel der Teenie-Tochter handelt. In den Vereinigten Staaten oder auch in Australien findet man die Jungs – einige Mädels gibt's übrigens auch – in den Gelben Seiten unter der Rubrik »Notfälle«. Dort wird dann auch spezifiziert, welche Aufgaben der jeweilige Helfer übernimmt.

Die meisten fangen die Schlangen einfach ein (der Terminus »einfach« sollte in diesem Zusammenhang nicht missverstanden werden) und bringen sie dann in sicheren Behältnissen in sogenannte Schlangenfarmen. Dort wird den Tieren das Gift, das in niedrigen Konzentrationen oder mit Zusatzstoffen versetzt sogar Bestandteil von Heilmitteln werden kann, systematisch »abgemolken«.

Andere Schlangenfänger transportieren die Viecher zurück in jene Wildnis, aus der sie gekommen sind, und wiederum andere – bevorzugt in ländlichen Gebieten – rücken dem Problem mit der Machete zu Leibe, was aus Schlangensicht naturgemäß die am wenigsten erstrebenswerte Jagdmethode darstellt. Zum Fangen der Tiere sind die Experten zumeist mit dicken Handschuhen – häufig mit Drahtgeflechten verstärkt –, entsprechenden Ärmeln und hohen Stiefeln angetan, viele führen sogenannte »Schlangenstäbe« mit sich, mit deren Gabelung die Tiere einigermaßen problemlos gehoben und in aufgehaltene Säcke gesteckt werden können.

Natürlich gibt es auch einige besonders risikofreudige unter den Schlangenfängern, die all diese Hilfsmittel für verzichtbar und ihre Kollegen für Waschlappen halten. Doch diesen Helden ist in aller Regel kein sehr langes Leben beschieden.

Übrigens: In Australien beispielsweise braucht man eine richtige Lizenz, um diesen Beruf ausüben zu können. Ein zweitägiger Kurs kostet umgerechnet rund zweihundert Euro, doch dabei lernt man auch wirklich jede Menge nützlicher Tricks. Beispiel gefällig? Also – wenn bei Ihnen das nächste Mal eine Sandviper durchs Wohnzimmer hastet, dann greifen Sie zum Wischmopp, setzen dessen T-förmiges Stangenteil kurz hinter dem Kopf der Schlange auf und drücken das Tier damit zu Boden. Keine Sorge, das ist nicht besonders anstrengend, denn Schlangen haben zwar Vorteile in Sachen Geschwindigkeit, sind uns aber in punkto Gewicht naturgemäß deutlich unterlegen. Dann greifen Sie das Tier mit der freien Hand am Schwanz, heben es am ausgestreckten Arm hoch und bewegen die Hand dabei kreisförmig. Das sieht ein bisschen so aus, als versuchten Sie sich gerade in rhythmischer Sportgymnastik, aber ästhetische Erwägungen (»Ach Gott, hoffentlich guckt jetzt keiner!«) sollten in diesem Moment keine Rolle spielen. Es geht vielmehr darum, dass die Schlange nach unten hängt und gleichzeitig um ihre eigene Achse gedreht wird, was verhindert, dass sie in die Höhe schnellt und zubeißt. Dann die Schlange in einen Behälter geben und möglichst schnell einen Deckel draufsetzen. Klingt simpel, erfordert aber durchaus etwas Übung. Vielleicht trainieren Sie das Ganze doch lieber zunächst mit dem neuen roten Ledergürtel Ihrer Teenager-Tochter.

Gefahr: ***** (Es dürfte kaum einen Berufsstand geben, in dem Schlamperei unmittelbarer und schmerzlicher bestraft wird.)

Langeweile: (Nein – dieser Job wird nie langweilig. Man lernt eine Menge Leute kennen. Die Adrenalin-Zufuhr ist de facto bei jedem Einsatz gesichert. Und man kommt ganz schön rum.)

Seltenheit: ** (Nicht unbedingt selten, aber auch nicht so häufig, dass man sich in einer anonymen Masse wiederfinden würde ...)

Ekelfaktor: *** (Kommt auf die Sichtweise an: Der Schlangenfänger selbst ekelt sich naturgemäß nicht vor Schlangen, doch weil er so viel mit Schlangen zu tun hat, ekeln sich womöglich alle Schlangenhasser vor ihm. C'est la vie.)

Neidfaktor: * (Das Einzige, worum dieser Berufsstand beneidet wird, ist seine Beliebtheit bei Frauen und Kindern.)

Elefantenkoordinator

*D*ass Elefanten ein besonders gutes Gedächtnis haben, ist ein Gerücht, und ihre angebliche Panik vor Mäusen ebenfalls. Untersuchungen haben vielmehr ergeben, dass Elefanten – ungefähr so wie Haushunde auch – eine tiefe emotionale Bindung zu demjenigen aufbauen können, der für sie sorgt. Und wenn das ein Mensch ist, dann merken sie sich den Geruch dieses Menschen auch durchaus ein paar Jährchen. Wer ihm aber an Weihnachten 1987 die pinkfarbene Satteldecke geschenkt hat, das vergisst der Elefant ebenso schnell, wie wir verdrängen, von wem wir anno 1992 diesen Eierlikör bekommen haben, an dem Tante Erna beim darauffolgenden Mittsommer-Senioren-Schwof so ausgiebig nippte.

Wir schweifen ab – zurück zu den Elefanten. Die Dickhäuter, ob ihrer aus Elfenbein bestehenden Stoßzähne seit Jahrzehnten vom Aussterben bedroht, sind vor allem in Asien in den vergangenen Jahrzehnten wieder stark im Kommen. Doch vor allem in Thailand hat man zwei Dinge offenbar begriffen: Elefanten sind stark, und Elefanten sind faszinierende Wesen. Ersteres macht man sich für diverse Wald- und Forstarbeiten zunutze, denn die Traktorendichte dort ist nicht ganz so groß wie in niederbayerischen Dörfern. So müssen die tonnenschweren Tropenbäume, aus denen in taiwanesischen Fabriken im Eilverfahren Barhocker und pädagogisch wertvolles Holzspielzeug für fettleibige westeuropäische Bälger gefertigt werden, nicht mit menschlicher Muskelkraft aus dem Urwald geschleppt werden. Vielmehr verfiel der clevere Asiate vor geraumer Zeit darauf, dies seinen bulligen Kameraden machen zu lassen, der für ein paar Kilo Bananen und andere Leckerlis gerne mal die Rüsselmuskulatur spielen lässt.

Ebenfalls höchst lukrativ ist die Faszination, die vom Dickhäuter ausgeht, denn bei nahezu jeder Nord-Thailand-Reise steht für den anspruchsvollen Pauschaltouristen ein Elefantenritt auf dem Programm. Dann, und nur dann, kann nämlich Walter nach seiner Rückkehr nach Bergisch Gladbach bei der obligatorischen Fotoshow im auslegewarenbewehrten Hobbykeller voller Stolz verkünden: »Und das hier ist ein Bild von Gisela auf dem Elefanten. Der Elefant ist das große Tier unten. Nur damit das klar ist. Höhöhö.«

Wir unterbrechen Walters witzige Tirade und kehren zu den Fakten zurück: Um Elefanten dazu zu überreden, auf ihrem respektabel breiten Rücken jahrelang schlecht riechende und ständig quietschende Weißhäute und Glubschaugen zu transportieren, muss man den Elefanten zunächst mal Toleranz beibringen. Denn normalerweise schätzt ein Elefant es überhaupt nicht, wenn irgendein fettleibiger Mitteleuropäer es sich auf ihm bequem macht. Nicht, dass ihm das Gewicht etwas ausmachen würde – es ist mehr eine Frage des Prinzips.

Also – es braucht Menschen, die dem Elefanten Nachsicht gegenüber Menschen vermitteln. Diese Elefantenführer nennen sich Mahouts, und es gibt von ihnen in Thailand rund zweitausend. Einer dieser Mahouts heißt Taweesak Keereekaew (sprechen Sie diesen Namen dreimal hintereinander sehr schnell aus, und dann wischen Sie bitte Ihre Essensreste von den Wänden Ihrer Umgebung), arbeitet für das exklusive Hotel *Fours Seasons Tented Camp Golden Triangle* in Chiang Rai und ist in dieser noblen Umgebung *der* »Elefantenmann« schlechthin. Er füttert die Tiere, er badet die Tiere, er trainiert die Tiere, und weil Elefanten lange leben und bei guter Pflege in Gefangenschaft bis zu achtzig Jahre alt werden können, hat Taweesak Keereekaew einen vergleichsweise krisensicheren Job und ein paar echt starke Kumpels, die es nicht dulden würden, wenn beispielsweise ein betrunkener britischer Hooligan versuchte, ihren Coach kräftig zu vermöbeln.

Der Mann mit dem unaussprechlichen Namen hat sogar einen ganz besonderen Job – er ist der Elefantenkoordinator. Normalerweise nämlich betreut ein Mahout nur ein Tier, dem er zeit seines Lebens verbunden ist. So ist es auch im besagten Hotel – mit dem kleinen, aber feinen Unterschied, dass Mr. Keereekaew mehrere Mahouts unter sich und die Einsätze von Menschen und Tieren zu organisieren hat.

Noch ein paar Details: Die Beziehung zwischen einem Mahout und seinem Tier ist sehr eng. Ein Mahout bildet sein Tier aus und bringt ihm alles bei, was es für die tägliche Arbeit und den Umgang mit Touristen wissen muss. Müssen sich Mensch und Tier trennen, leiden beide Partner enorm – stellen Sie sich einfach vor, Elton John sänge »Candle in the Wind« mit asiatischem Akzent, dann kommen Sie diesem tristen Traurigkeitsgefühl schon recht nahe.

Der Mahout reitet auf dem Nacken des Elefanten und dirigiert ihn mit Hilfe verbaler Kommandos, eines Stabs und des Drucks, den er mit Füßen und Beinen auf das Tier ausübt.

Für die Ausbildung der Elefanten gibt es eine Elefantenschule im thailändischen Lampang. Mit etwa drei Jahren kommen Elefanten in die Schule und lernen dort in einer siebenjährigen Ausbildung alles, was sie für ihre Arbeit brauchen. Dazu gehört ordnungsgemäßes Marschieren (hintereinander oder paarweise) und das Arbeiten am Baumstamm – vom bloßen Aufheben über das Tragen bis hin zum Stapeln.

Gefahr: ** (Man sollte sich gut auskennen und stets aufpassen, den Dickhäutern nicht zwischen den Beinen rumzulaufen. Unklug wäre es zudem, einen Elefantenbullen zu reizen oder den Müttern ständig die Geschichte von Dumbo vorzulesen, doch wenn man diese Regeln beachtet, hält sich das Risiko, zertrampelt zu werden, in Grenzen.)

Langeweile: ** (Kommt drauf an: So richtige Entertainer sind Elefanten in der Regel ja nicht, doch man kommt mit ihnen ganz schön rum, und es muss ziemlich spannend sein, mit ihnen eine Weile zu leben.)

Seltenheit: ** (In Thailand und Nord-Indien gehört man als Elefantenmann nicht gerade einer Massenbewegung an, aber so richtig selten ist man auch nicht.)

Ekelfaktor: *** (Ähem. Die Rund-um-die Uhr-Betreuung der Tiere beinhaltet natürlich auch, dass man sich um ihre Hinterlassenschaften kümmert und diese möglichst diskret beseitigt. Und so ein Elefantenhaufen ist wirklich ... äh ... groß. Sehr groß ... und aromatisch eher unter »streng« einzuordnen.)

Neidfaktor: *** (Stärkere Freunde hat niemand, und die bewundernden Blicke von Kindern sind dem Mahout gewiss. Doch, doch – da könnte man schon neidisch werden.)

Vogelvertreiber

Ob Nachtigall oder Lerche – was bei Shakespeare noch von entscheidender Bedeutung war, ist heutzutage de facto reines Ornithologenwissen. Wenn wir ehrlich sind, haben die meisten von uns doch schon Schwierigkeiten, ein Käuzchen von einer Amsel zu unterscheiden, halten Flamingos und Störche für ein und dasselbe und können bei Georg Kreislers legendärem »Tauben vergiften im Park« nicht einmal mehr die Melodie mitsummen.

Das Wissen um unsere zwitschernden Freunde ist uns also ganz schön abhandengekommen, und wenn Katze Muschi uns strahlend einen frisch erlegten Spatz auf das Kopfkissen legt, empfinden wir keinesfalls gebührende Dankbarkeit, sondern ekeln uns vor dem toten Winzling, als wär's eine Ratte. Bestenfalls Kanarienvögel oder Wellensittiche, die angeblich »Polly« krächzen können und sich gerne in den Stirnfalten wenig amüsierter Gäste festkrallen, erfahren noch so etwas wie Zuwendung – alle anderen der einst hoch geschätzten Trillerer und Pfeifer sind bestenfalls noch schmückendes Beiwerk von Mutter Natur oder zieren unsere Teller in Form von Taubeneiern oder Wachtelbrüstchen.

Wohlgemerkt: Wir sprechen hier nicht von Enten, Gänsen und Hühnern, die zwar ebenfalls Vögel sind, andererseits aber kaum noch natürlich vorkommen, sondern als Bestimmungsort stets unseren Ofen angeben – nein, wir sprechen von Vögeln, die per se nicht zum Verzehr bestimmt sind, sondern regelmäßig unsere Kirschbäume abräumen und uns am

frühen Sonntagmorgen mittels ihres infernalisch lauten Balz-
gesangs aus dem Schlummer reißen.

So leid es uns tut – an dieser Stelle sei ein für alle Mal
eingeräumt, dass unsere gefiederten Mitbewohner auf unserer Prioritätenliste irgendwo zwischen Synchronschwimmen und den Exfreunden von Paris Hilton liegen und wir uns
nur dann ernsthaft mit ihnen beschäftigen, wenn sie entweder a) nützlich oder b) echt lästig sind. Ersteres trifft immer
seltener zu, denn das Befördern wichtiger Kassiber, die man
um Taubenbeine schlang, interessiert heute nur noch den einen oder anderen Züchter, und auch die Jagd mit Hilfe von
Falken oder Habichten dient nicht mehr unbedingt der Erhaltung der menschlichen Art und hat dies mutmaßlich auch
noch nie getan.

Lästig sind Vögel hingegen viel häufiger, obwohl sie dafür
natürlich nichts können. So sind Taubenexkremente auf städtischen Plätzen und Fassaden vielen Zeitgenossen sowie dem
städtischen Reinigungsdienst ein echtes Ärgernis, und nicht
selten sehen sich Kinder, die nimmersatte Tauben mittels
Eiswaffelresten binnen weniger Minuten in Ballonformen verwandeln, diversen Anfeindungen ausgesetzt. Höchst unangenehm und sogar lebensbedrohlich für den Homo erectus sind
jene Schwärme, die sich ausgerechnet den örtlichen Flug-
platz als Spiel- und Tummelstätte ausgesucht haben. Denn
wenn so ein Schwarm von fünfhundert Spatzen sich aus dem
hohlen Bauch heraus just in diesem Augenblick zum schnel-
len Steigflug entschließt, in dem die Boeing 747 mit Bestimmungsort Atlanta die heimische Scholle hinter sich lassen
will, dann kann es zu höchst unangenehmen Begegnungen
kommen. Wenn nämlich so ein Spatzenschwarm ins Triebwerk
des besagten Fluggeräts kommt, so sorgt dieses zwar mittels
Rotation zunächst für eine rasend schnelle Dezimierung des
frechen Völkchens, doch nicht selten beschließt der Propel-

ler schon wenige Sekunden später, aus Verstopfungsgründen den Geist aufzugeben.

Wie selbst der Laie weiß, ist das Fliegen in einem Flugzeug mit einem oder womöglich gar keinem Triebwerk keine besonders gute Idee und ganz schlecht für die Sicherheitsstatistiken der großen Airlines, sodass diese seit geraumer Zeit auf sehr vielen Flughäfen der Welt fest angestellte Vogelvertreiber beschäftigen. Diese stehen nicht etwa in hässlichen Klamotten herum und imitieren Feldvogelscheuchen, sondern sind sehr aktiv dabei, Vogelschwärme zu »vergrämen«, wie der Fachausdruck heißt. Am wenigsten Arbeit, so erzählt es beispielsweise Jörn Reglitzki vom Hamburger Flughafen, habe man mit Raben, die die von Flugzeugen ausgehende Gefahr sehr schnell erkennen und sich rechtzeitig vom Acker machen. Eher dämlich müsse man dagegen Möwen nennen, bei denen man sich nie darauf verlassen könne, dass sie nicht genau in die Flugzeuge hineinsteuerten.

Um die Start- und Landebahnen von Vögeln frei zu halten, gibt es zwei Methoden – eine passive und eine aktive. Die passive nennt sich Biomanagement, was zum einen cool und richtig wichtig klingt (»Ich bin Biomanager am Flughafen« hört sich weit besser an als »Ich bin Vogelvertreiber am Flughafen«) und zum anderen natürlich eine vogelschonende Methode ist. Diese läuft darauf hinaus, dass man den Tieren das Flughafenumfeld so unattraktiv wie möglich macht und beispielsweise Wasserflächen mit Netzen abdeckt. Aktives »Vergrämen« bedeutet hingegen, dass beispielsweise mit der Schreckschusspistole Leuchtmunition abgefeuert wird – die Knallerei in Verbindung mit dem optischen Reiz sorgt für die gewünschte Flugrichtung des Schwarms.

Übrigens: Viele Vogelvertreiber waren oder sind gelernte Förster, die nach Kollisionen von Großvögeln mit Flugzeugen den Tieren zuweilen den Gnadenschuss geben oder leicht verletzte Störche, Reiher oder Bussarde auch schon mal wieder aufpäppeln. Der Verdienst ist gar nicht so übel: Je nach Flughafengröße werden die Vertreiber mit zwei- bis viertausend Euro monatlich entlohnt.

Gefahr: * (Sie brauchen Ohrenstöpsel, um nicht taub zu werden, und Sie sollten sich mit der Leuchtmunition nicht in die Füße schießen. Dass Ihnen ein Flugzeug auf den Kopf fällt, ist eher unwahrscheinlich. Das bedeutet – Gefahr: un point.)

Langeweile: *** (Es gibt aufregendere Jobs in schöneren Gegenden, aber immerhin dürfen Sie ab und zu rumballern.)

Seltenheit: *** (Vielleicht sollten die Vogelvertreiber mal einen Vogelvertreiber-Kongress machen. Nur damit wir mal gucken können, wie viele es davon wirklich gibt. Wir wissen es nämlich nicht.)

Ekelfaktor: * (Eklig wird's nur dann, wenn der Vertreiber seines Amtes nicht ordentlich gewaltet hat und ihm die Reste eines Möwenschwarms von einer unbarmherzigen Turbine ins Gesicht geblasen werden.)

Neidfaktor: ** (Fragen Sie mal Osama bin Ladens Leibgardisten, was die dafür geben würden, mit einem Gewehr auf dem Flughafen herumrennen zu dürfen.)

Hundebestandsaufnehmer

*E*s mag Heinz, den liebenswert verträumten Halter des zierlichen Pitbulls Rambo, überraschen, doch nicht alle Menschen teilen seine Begeisterung für eine tierische Kiefermuskulatur, die Bowlingkugeln im Zweifelsfall mit der gleichen Hingabe zerteilt wie zufällig des Weges kommende Kinderköpfe. Nicht, dass wir uns falsch verstehen – die Kampfhunde sind glücklicherweise in der Minderheit. Und dass die übrigen Hassos und Bellos immer »nur spielen wollen«, wenn sie dem überraschten Spaziergänger atemlos hechelnd von Angesicht zu Angesicht ihren weißlichen Speichelfluss präsentieren, ist sattsam bekannt.

Vor etlichen Jahren jedoch waren die als Kampfhunde bezeichneten Rottweiler, Pitbulls und andere Obszönitäten aus den Gruselkisten verantwortungsloser Züchter noch richtig angesagt – da durften Kevin, Mandy und Jacqueline in unmittelbarer Nähe dreier kurzbeiniger Kampfmaschinen aufwachsen, deren Instinkte gern darauf gedrillt wurden, die Rückholung der deutschen Ostgebiete mittels vierbeiniger Attacken jenseits der Oder-Neiße-Linie zu einem Rausch aus Bissen, Blut und Exkrementen werden zu lassen. Denn nicht nur ordentlich bestallte Zuhälter hielten sich ihren »Attila« – auch stramme Kameraden, deren Weltanschauung zwischen Pornographie und Führerkult pendelt, gönnten sich den sabbernden Männlichkeitsersatz.

Da dies jedoch landauf, landab immer wieder für Irritationen sorgte – vor allem dann, wenn Hotte mal wieder vergessen hatte, das Hoftor zu schließen, und sich prompt der eine oder andere vorbeikommende Vierjährige als Jagdbeute zur Verfügung stellte (»Ey, det jibs doch nich. Ick schwöre, det hat da Wotan noch nie jemacht. Der war imma so lieb zu de Kinners. Der Bengel muss den Hund irjendwie proferzirt ham ...«) –, gingen immer mehr Kommunen dazu über, die bereits bestehende Verordnung über die Ableistung von Hundesteuern zu überarbeiten. Im Klartext: Der Zierpudel von Tante Hermine wurde nach wie vor mit zwanzig Mücken pro Jahr zur Kasse gebeten, der Collie von den Meisers kostete ebenfalls weiterhin bescheidene dreißig Euro per anno ... doch ein als Kampfhund deklarierter genetischer Gefahrguttransporter wurde flugs mit vierhundert Kröten angesetzt. Zwar waren die Beträge von Dorf zu Dorf unterschiedlich – einheitliche Richtwerte dafür gibt es bundesweit nicht –, doch nach und nach setzte sich die massive Besteuerung für die verschiedenen Kampfhunderassen durch. Viele Gemeinden gingen sogar dazu über, noch deutlich mehr zu verlangen, wenn zwei oder mehr dieser Viecher im Haushalt zu finden sind. Im Klartext: Pitbull Bruce kommt auf vierhundert Euro, sein liebenswerter Bruder Chuck schon auf achthundert, und wenn der Besitzer glaubt, auch noch Thors Beißerchen im heimischen Wohnzimmer nachschleifen zu müssen, dann muss ihm das schon zwölfhundert Kröten wert sein. Nun zählen die meisten Kampfhundehalter intellektuell nicht eben zur Elite und gehören aufgrund permanenter Überforderung in beinahe jedem Ausbildungsberuf auch monetär nicht zur Klientel der Besserverdienenden. So lösten viele von ihnen ihre starken emotionalen Bindungen zu den possierlichen Tierchen auf, banden diese kurzerhand an Autobahnraststätten fest oder benutzten zur Verminderung der Population den Bolzenschussapparat des benachbarten Metzgerlehrlings.

Wenn man also mittlerweile behauptet, die Besteuerung von Hunden diene der Regulierung der Anzahl der Kampfhunde, so ist dies sicherlich nicht falsch. Andere Gründe für die Hundesteuer allerdings lassen sich nur schwerlich finden, und selbst ausgewiesene Hundehasser geben gerne zu, dass diese Steuer eigentlich nur dazu dient, ein wenig Geld in die klammen Kassen der Gemeinde zu spülen. Im Jahr 2002 wurden bundesweit immerhin 196 Millionen Euro eingenommen, 2007 ging der Bund der Steuerzahler bereits von einem Betrag zwischen 240 und 260 Millionen Euro aus. Umgelegt auf die einzelnen Städte und Gemeinden kein besonders großer Posten, doch Kleinvieh macht bekanntlich auch Mist, und weil die meisten Ortschaften de facto keinerlei Gegenleistung für diese Steuer erbringen – diejenigen, die sogenannte Hundeklos aufstellen, mal ausgenommen –, handelt es sich um leicht verdientes Geld. Wenn Sie als Hundehalter jetzt schimpfen wollen – bitte sehr, aber lassen Sie unsere aktuellen Politiker aus dem Spiel. Die Hundesteuer wurde nämlich vor rund zweihundert Jahren im alten Preußen eingeführt und hat sich – ähnlich wie die Schaumweinsteuer – seitdem hartnäckig gehalten. Ein Schelm, wer Böses dabei denkt.

Und weil manche Städte die Beträge pro Hund in den vergangenen Jahren deutlich angehoben haben und weil Zusatzeinnahmen von 50 000 oder 100 000 Euro heute eben keine Peanuts mehr sind, gibt es seit einigen Jahren den Job des Hundebestandsaufnehmers. Nicht alle Bürgerinnen und Bürger sehen es nämlich von sich aus ein, ihren Waldi bei der Stadt- oder Gemeindeverwaltung anzumelden, und drücken sich somit schamlos um den jeweiligen Obolus. Deshalb heuern Kämmerer immer häufiger Studenten an, die wachen Auges durch die Straßen flanieren und all jene Haushalte säuberlich notieren, in denen nachweislich ein Nachfahre der Steppenwölfe sein Unwesen treibt. Entweder vergleicht der

gestrenge Kontrolleur anschließend seine Listen mit den ge-
meldeten Beständen und schickt entsprechende Mahnbe-
scheide raus, oder er fordert den fälligen Tribut beim Fehlen der Steuermarke stante pede ein – eine Art Tierdetektiv
im Dienste der Steuergerechtigkeit. Zwischenzeitlich wurden
auch die sogenannten Ein-Euro-Jobber für diese verantwor-
tungsvolle Tätigkeit eingesetzt, doch das minimale Fixgehalt
genügte diesen als Motivation offenkundig nicht. Eine Er-
folgsprämie zieht wohl eher ...

Gefahr: *** (Parkraumüberwacher müssen sich auch einiges anhören, aber der Job des Hundebestandsaufnehmers
  bringt es mit sich, dass er ständig mit grantigen Hunde-
  haltern und deren darob ebenso missgestimmten und mit
  scharfen Zähnen ausgestatteten Lieblingen zu tun hat.
  Drei Sterne.)
Langeweile: (Sie spielen Detektiv, sind viel an der frischen
  Luft und dürfen petzen: Langeweile kann da kein Faktor
  sein.)
Seltenheit: ** (Lassen Sie es uns so formulieren: Wahrscheinlich werden Sie nicht so schnell jemanden treffen, der als
  Berufsbezeichnung »Hundebestandsaufnehmer« angibt.
  Den meisten ist das nämlich eher peinlich ...)
Ekelfaktor: * (Wenn Sie Hunde nicht mögen und ständig mit
  hechelnden Vierbeinern konfrontiert werden, kann dies
  unangenehm sein – eklig ist es eigentlich nie.)
Neidfaktor: ** (Um den Job des Hundebestandsaufnehmers
  wird man nur von jenen beneidet, die Denunzieren für eine
  lustvolle Beschäftigung halten. Das geht aber den Park-
  raumüberwachern genauso.)

Tieranwalt

Vor allem in den Vereinigten Staaten haben Rechtsanwälte gemeinhin einen Ruf, der sich irgendwo zwischen eitrigen Ekzemen und Prostata-Beschwerden einpendelt: Sie kommen vor, sie sind unvermeidlich, sie sind zahlreich ... und eigentlich kann sie keiner leiden.

In Mitteleuropa genießen Anwälte gemeinhin eine deutlich bessere Reputation, was wahrscheinlich daran liegt, dass sie sich – eingeschränkt durch eine fixe Honorarordnung – nicht dazu hergeben müssen, eine Fast-Food-Kette für abgetrennte Fingernägel in der Pommes-Tüte auf eine Schmerzensgeldsumme in Millionenhöhe zu verklagen. Hierzulande ist jeder Mensch vor dem Gesetz gleich, wobei sich wohlhabende Personen naturgemäß mehr und bessere Anwälte leisten können. Das kann dank ausgeklügelter Prozesstaktik in Einzelfällen durchaus dazu führen, dass betuchte Angeklagte für vergleichbare Vergehen deutlich besser wegkommen als ihre weniger begüterten Mitbürger. Im Großen und Ganzen jedoch funktioniert das Rechtssystem hierzulande durchaus.

Für uns.

Eine eigentlich sehr beliebte Gruppe von Mitbewohnern jedoch hat hierzulande im Rechtswesen so gut wie keine Lobby: die Haustiere. Zwar ist der Tierschutz mittlerweile gesetzlich fest verankert, doch wenn ein grenzdebiler Wahnsinniger eines Tages beschließt, den Cockerspaniel seiner Schwester an der heimischen Gartenlaube zu kreuzigen, so blüht ihm dafür im schlimmsten Fall eine Geldbuße. Noch immer wird Tierquälerei zumeist als ein Delikt wahrgenommen, das in seiner Wertigkeit knapp unterhalb wiederholten Falschparkens mit dem Bobby-Car liegt. Pferdeschlitzer und Vogelquäler, Katzenmörder und Typen, die ihre Hunde mit brennenden Zigaretten foltern und sich hohnlachend daran ergötzen, dass die gequälte Kreatur schwanzwedelnd und winselnd doch immer wieder zum vermeintlich souveränen Rudelführer zurückkriecht – solche Typen haben vor Gerichten normalerweise nicht allzu viel zu befürchten. Geldbußen, Bewährungsstrafen, zuweilen Freizeitarreste oder »allerletzte« Verwarnungen – mehr passiert eigentlich nie.

Jahrelang galten Tiere im deutschen Recht als Gegenstände, und juristisch betrachtet ging es deshalb in Prozessen, bei denen Tiere in irgendeiner Form Verhandlungsgegenstand waren, nur um Besitz- oder Wertminderungsfragen. Das ist zwar mittlerweile offiziell anders geworden, doch weder der Gesetzgeber noch praktizierende Juristen können sich dazu durchringen, dem Tierschutz größere Beachtung zu schenken. Tiere haben eben keine wirklich mächtige Lobby.

In der Schweiz hat man anno 1992 dieses Problem erkannt und angepackt: Der Kanton Zürich schuf das weltweit einzigartige Amt des »Rechtsanwalts für Tierschutz in Strafsachen« (»Tieranwalt«), das zuletzt der honorige Dr. jur. Antoine F. Goetschel bekleidete. Er vertrat souverän und eloquent die Interessen von Vierbeinern und Vögeln, Fischen und Reptilien, lieh Hunden und Schildkröten seine Stimme, argumentierte im Namen von geschundenen Kühen und angeschossenen Katzen. In der ausführlichen Begründung der Kantonsverwaltung, warum man dieses Amt seinerzeit überhaupt geschaffen hatte, stand es 1992 schwarz auf weiß nachzulesen: Man wolle Gerechtigkeit, und die lasse sich für Tiere eben nur dann erreichen, wenn sie sich mit menschlicher Unterstützung gegen ihre Peiniger wehren könnten. Im Visier hatte der Kanton damals vor allem Tierbesitzer, also jene, die sich eigentlich um ihre Schutzbefohlenen kümmern sollten, diese aber stattdessen sträflich vernachlässigten oder gar quälten. Dr. Antoine F. Goetschel gab den Tieren eine Stimme und erhielt dafür einen Stundenlohn von umgerechnet hundertvierzig Euro. Er vertrat Hunde, die in überhitzten Autos zu Tode gekommen waren, ebenso wie Fische, deren Todeskampf an der Angel unnötig lange gedauert hatte. Zu seinen Klienten gehörten kupierte Boxerrüden, lahmende Pferde und Katzen, die für Hobbyschützen als Luftgewehrziele herhalten mussten. Hundertneunzig Fälle landeten allein im Jahr 2008 auf Goetschels Schreibtisch – eigentlich ein Beweis dafür, dass sein Amt auch weiterhin nötig wäre. Leider jedoch wurde das Amt des Tieranwalts im Jahr 2010 wieder abgeschafft. Der Kanton muss sparen.

Gefahr: * (Da weder der gereizte und gequälte Schäferhund noch die völlig unartgemäß gehaltene Mamba oder gar das mit Wasserentzug bestrafte Krokodil unmittelbaren Kontakt mit dem Anwalt hatten, verbrachte dieser sehr viel Zeit mit Aktenstudium. Und das ist bekanntlich nicht ganz so riskant.)

Langeweile: ** (Leider ist Aktenstudium in der Regel auch nicht wahnsinnig spannend, doch allein die Fülle der verschiedenen Fälle dürfte dafür gesorgt haben, dass Langeweile beim Tieranwalt selten aufkam.)

Seltenheit: ***** (Goetschel war weltweit der Erste und Einzige, und es wäre schön, wenn es bald Nachahmer geben würde. Bis dahin gibt es in punkto Seltenheit glatte fünf Sterne.)

Ekelfaktor: **** (Man sollte es nicht glauben, welch mannigfaltigen Methoden sadistische Menschen ersinnen, um wehrlose Tiere zu quälen. Da kann einem schon beim Nachlesen das Mittagessen wieder hochkommen.)

Neidfaktor: **** (Ordentlich bezahlt, ein gutes Werk getan und die Klienten nörgeln nie an einem herum. Viele »normale« Rechtsanwälte dürften Dr. Goetschel beneidet haben.)

Haustierpsychologe

*W*enn der an und für sich angeblich so harmlose Struppi zum x-ten Mal an der hageren Wade des Postzustellers hängt, wenn Bellos Gebell den benachbarten Friedensnobelpreisträger zur Pumpgun greifen lässt, wenn Mieze neuerdings sorgsam zerfledderte Ratten auf dem Bettvorleger drapiert und von Frauchen anschließend durch ultimatives Knacken der Kiefermuskulatur ein Belohnungsleckerli fordert, dann, ja dann ist für viele Haustierhalter guter Rat teuer. Und das dürfen Sie ruhig wörtlich nehmen, denn ausgehend vom Land, in dem die Neurosen bekanntlich am kräftigsten wuchern – formally known as United States of America –, hat sich mittlerweile auch bei uns der Beruf des Haustierpsychologen breitgemacht.

Um es gleich vorwegzunehmen: Nein, dafür gibt es keinen eigenen Studiengang. Eine Ausbildung im klassischen Sinne wohl auch nicht – jedenfalls ist uns keine bekannt. Und nicht alle Pferde-, Hunde- oder Vogelspinne-auf-Turkey-Flüsterer sehen aus wie Robert Redford, der diesem Berufsstand durch den gleichnamigen Film einen gewissen Sexappeal verliehen hat. Immerhin können etliche der Tierpsychologen langjährige Beschäftigung mit Vierbeinern dokumentieren, was sie von der unübersehbar großen Zahl von Scharlatanen unterscheidet, die einem Windhund auf den ersten Blick Bulimie unterstellen.

Der Tierpsychologe Ihres Vertrauens sollte also zumindest eine Ausbildung in Tiermedizin oder Tierheilkunde absolviert haben und Erfahrungen vorweisen können. Misstrauisch dürfen Sie werden, wenn er Ihren schwanzwedelnden Liebling zum Einstieg auf die Couch bittet und sich mit einem Notizblock ans Kopfende setzt. Und auch jene, die sich auf den Boden legen, Hassos Hecheln hinreißend nachahmen können und behaupten, nur durch Imitation dringe man bis an des Pudels Kern und somit ins Innerste der Hundeseele vor, sind mutmaßlich nicht die Richtigen.

Ein Tierpsychologe, der sich seriös mit seinem Berufsbild auseinandersetzt – und seine Klienten tatsächlich ernst nimmt –, wird nicht mit dem gestörten Wuffi beginnen, sondern zunächst mal mit dessen Halter das Gespräch suchen. Er wird das Verhalten des Tieres ausführlich unter die Lupe nehmen, wird möglicherweise bestimmte Situationen simulieren und die – Achtung, jetzt kommt's – Interaktion zwischen Besitzer und Tier über einen gewissen Zeitraum beobachten, um dann meistens festzustellen, dass der Halter gestörter ist als der Hund. Das allerdings darf er dem Halter nicht sagen, denn der zahlt schließlich sein nicht unbeträchtliches Honorar, und es ist für Freischaffende nur in den seltensten Fällen lukrativ, dem Finanzier Fehlverhalten vorzuwerfen.

Die Fragestellung für den Tierpsychologen muss also nicht etwa lauten: »Wie wird der Hund/die Katze/das Meerschweinchen wieder normal und hört auf a) zu kläffen, b) zu kratzen oder c) zu ... äh ... zu sabbern?« (Sabbern Meerschweinchen? Oder welche nervtötenden Neurosen könnten die putzigen Pelztiere sonst entwickeln?) Sondern sie muss heißen: »Wie bringe ich das Tier dazu, die abnormen (blödsinnigen, exaltierten, unerträglichen) Verhaltensweisen seines Besitzers/seiner Besitzerin möglichst zu tolerieren, darauf nicht übermäßig zu reagieren und den einigermaßen normalen, vernünftigen Gegenpart in dieser unseligen Beziehung zu übernehmen?«

Diese Fragestellung wird der Haustierpsychologe – aus den bereits erwähnten pekuniären Gründen – allerdings in den seltensten Fällen offenbaren und damit seinem menschlichen Klienten mutmaßlich auch nicht immer die volle Wahrheit sagen. Was ein guter Haustierpsychologe jedoch durchaus anbietet, ist das gemeinsame Training von Tier und Tierhalter – sozusagen eine »Hundeschule intensiv«.

Die daraus gewonnenen Erkenntnisse sind zumeist nicht ganz so tiefschürfend wie Traumanalysen oder ödipale Komplexe, denn kaum ein Schäferhund, der ein bisschen was auf sich hält, wird zugeben, sich zwischen Mamas Vorderpfoten einst am wohlsten gefühlt und gar keinen rechten Spaß beim Totbeißen der Nachbarskatzen gehabt zu haben. Doch auch eher banal anmutende Erkenntnisse können von großem Wert sein. »Ihr Hund benötigt mehr Aufmerksamkeit und Zuwendung«, ist möglicherweise eine Riesenüberraschung für den aufstrebenden Finanzmanager, der bisher davon ausging, dass Afghanenrüde Rudi unter der Woche eher dekorativen Zwecken dient, Fressen und Verdauung vorzugsweise am Wochenende erledigt – dann darf er schließlich mit zum Joggen – und sich ansonsten mit der Fernbedienung den Tag versüßt. Für Hobby-Hooligan Bruno, von Freunden liebevoll als »die Axt« bezeichnet, könnte die folgende Erkenntnis sensationelle Einsichten bringen: Effe, die Dogge, die Bruno nach seinem Lieblingskicker benannte, benötigt gar nicht jeden Tag Dresche mit der Holzplanke, um einigermaßen auf Kurs zu bleiben, sondern will zuweilen auch gestreichelt werden (auch dafür gibt es Kurse. Woher soll Bruno schließlich wissen, wie das geht?). Und diese Einsichten werden irgendwann einmal darin münden, dass Bruno, dann nur noch als »Ex-Axt« bekannt, einen Pullover-Strickkurs besucht. Mit Effe an seiner Seite. Versteht sich.

Dem Tier klare Regeln geben, eindeutige Grenzen setzen, mehr Zuwendung vermitteln oder auch mehr Aufmerksamkeit schenken – die Tipps des Tierpsychologen sind normalerweise nicht eben sensationell zu nennen. »Da hätte man auch selbst draufkommen können«, mag sich mancher von denen denken, die soeben um einen runden Tausender erleichtert wurden, dafür aber nun immerhin nicht mehr fürchten müssen, dass sie von Briefträgern und Nachbarn im wöchentlichen Wechsel verklagt werden. Die Tatsache, dass es dennoch sehr, sehr viele Tierhalter gibt, die eben nicht von selbst auf diese simplen Regeln im Umgang zwischen Mensch und Vieh verfallen, beschert den ungewöhnlichen Seelenklempnern einen stetig anwachsenden Kundenstrom.

Gefahr: *** (Zwei Gefahrenquellen gibt es für den Haustierpsychologen: das Tier und seinen Halter. Bissige Hunde von ihrer Leidenschaft zu befreien, ist naturgemäß kein ungefährlicher Job – bissige Herrchen davon zu überzeugen, dass dies sinnvoll ist, ist auch nicht unbedingt einfacher.)

Langeweile: * (Tja, wir stellen es uns ganz spannend vor, tierische Neurosen zu heilen. Widerspruch?)

Seltenheit: * (Mit der zunehmenden Vermenschlichung der Haustiere nehmen auch die damit einhergehenden Berufsbilder immer mehr zu.)

Ekelfaktor: ** (Mundgeruch, ständiges Sabbern und zuweilen nicht mal stubenrein – das kann echt ekelhaft sein. Ganz zu schweigen von den zu therapierenden Tieren ...)

Neidfaktor: *** (In punkto Abwechslung und Abenteuer ein durchaus attraktiver Job. Und wenn Sie dann noch aussehen wie Robert Redford, dürfte zumindest der männliche Tierpsychologe von vielen Geschlechtsgenossen beneidet werden. Handelt es sich um eine Psychologin, ist es übrigens weit weniger angenehm, wie Robert Redford auszusehen.)

Cowboy

Wiegend der Gang, breitkrempig der Hut, die Augen zu Schlitzen geformt, die rechte Hand in den Gürtel gehakt und regelmäßig ausspuckend. Was sich hier liest wie die perfekte Beschreibung eines Vertrauenslehrers an einer Berliner Hauptschule, ist natürlich in Wirklichkeit das bekannte Klischee vom Cowboy aus den Weiten der amerikanischen Prärie. Aus diesen Weiten sind zwar mittlerweile vielerorts die mit faulen Hypotheken zugepflasterten Engen dramatisch geschmackloser Vorstädte geworden, doch nach wie vor leben in den Vereinigten Staaten von Amerika tatsächlich rund neuntausend Cowboys.

Cowboy bedeutet wörtlich – das können auch diejenigen übersetzen, die des Englischen nicht so wahnsinnig mächtig sind – »Kuhjunge«. Und damit wäre die nach wie vor existente Hauptaufgabe des Cowboys, der in Australien übrigens »Jackaroo« und in Argentinien »Gaucho« genannt wird, ganz gut umrissen. Der Cowboy nämlich kümmert sich ums liebe Vieh, das auf großen amerikanischen Farmen nach wie vor in respektablen Mengen vorkommt. Landwirtschaftliche Betriebe mit fünftausend Rindern sind hier beileibe keine Seltenheit, und mittlerweile hat eine solche Rinderfarm bereits über die Beringstraße hinweg expandiert und betreibt eine Niederlassung in Sibirien. Ehrlich. Mit Genehmigung der russischen Behörden.

Zurück zum Thema: Cowboys sind ein amerikanischer Mythos, und deshalb darf man die heute noch arbeitenden Exemplare durchaus als lebende Legenden bezeichnen. So eine Art Muhammad Ali in Mehrfachausfertigung. Oder besser John Wayne. Im Gegensatz zu John Wayne tragen sie allerdings in aller Regel keine Revolver mehr am Gürtel, und Duelle auf der staubigen Straße zwischen Saloon und Stall sind mittlerweile ebenfalls tabu. Immerhin ist das Hauptbeförderungsmittel des Cowboys nach wie vor das Pferd, weil es am ehesten in der Lage ist, auch unwegsames Gelände zu bewältigen, und weil die zu betreuenden Rindviecher mit Vierbeinern viel leichter eine vertrauensvolle Basis der Zusammenarbeit finden als beispielsweise mit knatternden Hubschraubern.

Mit denen sowie mit Motorrädern sind Cowboys allerdings heutzutage ebenfalls viel unterwegs, denn die Distanzen auf den Ranches sind teilweise gigantisch. Ständig müssen irgendwo Tiere eingefangen, behandelt oder verladen werden, andauernd gilt es, Zäune zu reparieren und darauf zu achten, dass sich keine hungrigen Pumas, Wölfe oder anderes gieriges Getier am Lieblingsabendessen des Amerikaners gütlich tut. Die Steaks der Zukunft müssen zudem mit Brandzeichen oder Ohrmarken versehen werden, Hilfe beim Kalben ist natürlich ebenfalls angesagt, und dass Werkzeuge oder andere Gerätschaften gewartet, gepflegt und unterwegs mal schnell repariert werden müssen, gehört auch noch zur Stellenbeschreibung.

Weit weniger Beachtung als ihre männlichen Mitstreiter finden übrigens die Cowgirls, die in neueren Marlboro-Werbespots als schmückendes Beiwerk im Hintergrund vage zu erkennen sind. In der angeblich so romantischen Vergangenheit des Wilden Westens jedoch hatten Frauen auf vielen Ranches sogar monatelang das Sagen, weil die Herren der Schöpfung häufig auf langen Trails (Viehtrieben) unterwegs waren oder wieder einmal beschlossen hatten, ein paar Indianern, Nordstaatlern oder anderem Gesindel gehörig die Meinung zu sagen. Bis heute sind Cowgirls auf vielen Ranches gefragte Mitarbeiterinnen, die es vorziehen, auf den Damensattel zu verzichten und häufig – weil geduldiger – viel besser mit dem Vieh umgehen können als so mancher steinharte Brocken von Mann.

Manche Cowboys haben sich auch auf die Arbeit mit Pferden, vor allem auf das Anreiten junger Pferde, spezialisiert und verdienen sich auf Rodeos ein paar Dollar dazu, auch wenn es dort zumeist gilt, sich möglichst lange auf dem Rücken darob nicht besonders erfreuter Stiere zu halten. Wobei »lange« ein in diesem Zusammenhang nicht beliebig dehnbarer Begriff ist, im Gegenteil. Das mit dem Dazuverdienen ist übrigens ebenfalls häufig eine echte Notwendigkeit. Reich wird man als Cowboy nämlich nicht: Der durchschnittliche Jahresverdienst liegt bei rund neunzehntausend Dollar.

Gefahr: **** (Man kann vom Pferd oder vom Motorrad fallen, mit dem Hubschrauber abstürzen, sich allein in unwegsamem Gelände den Fuß brechen, von einem Wolfsrudel attackiert oder von Bären angegriffen werden, unter die Hufe einer riesigen Rinderherde geraten, sich im Winter den Arsch abfrieren oder sich mit der Flinte selbst ins Bein schießen. Gefährlich? I wo ...)

Langeweile: * (In der Prärie kann es zuweilen ein wenig einsam werden, und Tag für Tag dieselben Gesichter um sich herum zu haben (und ich spreche nicht von den Rindern), ist auf die Dauer vielleicht auch ermüdend. Insgesamt jedoch garantiert der Job jede Menge Abwechslung.)

Seltenheit: ** (Die Zahl der Cowboys wird weiter abnehmen, doch noch sind sie nicht wirklich selten.)

Ekelfaktor: * (Gut, den Arm in einen Kuhuterus zu stecken, um das Kalb herauszuziehen, ist nicht jedermanns Sache, und der wochenlange Verzicht auf eine warme Dusche kann mit der Zeit für Körpergerüche sorgen, doch in punkto Ekelgefühle wäre es das auch schon.)

Neidfaktor: **** (Zumincest in Mitteleuropa dürfte Ihnen die Berufsbezeichnung »Cowboy« mehr strahlende Kulleraugen bescheren, als sie Claudia Schiffer beim Ablegen ihres Bikini-Oberteils am öffentlichen Strand von Warnemünde erwarten darf.)

Pferdemasseurin

*U*m es gleich vorwegzunehmen: Frauen, die Tiere massieren, mögen es nicht, als »Masseuse« bezeichnet zu werden, sondern ziehen den Begriff »Masseurin« vor. Verständlich, denn »Pferdemasseuse« klingt irgendwie eine Spur anrüchiger als »Pferdemasseurin« – weshalb auch immer.

Zunächst mal zum Grundsätzlichen: Eine Massage dient bekanntlich dazu, den Kreislauf anzuregen, Gelenkschmerzen und Verspannungen zu lindern und den Klienten zu entspannen – das ist bei Tieren nicht anders als bei Menschen. Nun ist es allerdings in der Tierwelt um die klassenlose Gesellschaft noch weitaus schlechter bestellt als in der Humanmedizin, und deshalb kommen nur ganz wenige Vier- oder Mehrbeiner ab und an in den Genuss einer wohltuenden Massage. Möglicherweise gibt es Leute, die einer Vogelspinne gelegentlich kraulend über den haarigen Bauch streichen; Schweine werden bekanntlich zuweilen gebürstet und finden es so lange gut, bis sie geschnallt haben, dass diese liebevolle Zuwendung der Vorbereitung ihres gewaltsamen Ablebens dient. Und von Affen weiß man, dass sie sich gerne gegenseitig lausen, was ebenfalls zu allergrößtem Wohlbehagen führen kann. Doch letztlich bleiben dies Ausnahmen, und kein Chamäleon, kein bengalischer Tiger und kein trauriges Nilpferd kommt jemals in den Genuss einer Ganzkörpermassage, was einerseits ungerecht, aus menschlicher Sicht aber durchaus verständlich ist. Zum einen steht zu befürchten, dass beispielsweise der Tiger seine Dankbarkeit, wenn überhaupt, auf nur schwer erträgliche

Weise äußern würde, zum anderen geht in den seltensten Fällen die Kosten-Nutzen-Rechnung so gut auf wie im Falle von Pferden. Wieso? Das erklären wir gerne.

Bei Pferden, die für den Sport benutzt werden – egal ob für Springreiten, Dressur, Trab- oder Galopprennen –, können regelmäßige Massagen zu besseren Leistungen führen. Man kann dadurch zum Beispiel ihren Bewegungsspielraum und ihre Ausdauer verbessern, weil man ihre Muskelkraft und die Durchblutung der Muskulatur fördert. Dem Vierbeiner gefällt es, und seinem Besitzer bringt es Profit, denn ein Pferd mit ordentlich Muckis, das auch noch gute Laune hat, rennt häufig schneller als andere, kommt damit auf der Rennbahn früher ins Ziel oder hüpft höher übers Hindernis, sodass es seine Futterkosten locker wieder reinholt und ganz nebenbei den neuen Bentley seines Reiters finanziert. Tja, das mag oberflächlich und gewinnorientiert klingen, aber das liegt nur daran, dass es oberflächlich und gewinnorientiert gedacht ist. Kann man nix machen. Menschliche Natur und so ...

Zur Ehrenrettung des Humanoiden sei jedoch angemerkt, dass es auch Menschen gibt, die ihre Pferde aus anderen, wesentlich edleren Motiven zur Massage führen. Denn wenngleich auch häufig der schnöde Mammon im Vordergrund steht, kann sich zwischen Besitzer und Fury doch auch eine gewisse Herzensbindung entwickeln. Dann werden Pferde aus denselben Gründen wie die meisten menschlichen Klienten mit Massagen behandelt: um Schmerzen infolge einer Verletzung zu lindern und um andere Muskeln zu *ent*lasten, die infolge von Verletzungen falsch *be*lastet wurden. Leute, die sich intensiv mit ihren Pferden auseinandersetzen, bemerken es natürlich auch, wenn mit den Tieren etwas nicht in Ordnung ist – beispielsweise, weil ein Gelenk steif ist oder ein bestimmter Körperteil plötzlich nicht mehr berührt werden darf.

Der/die Pferdemasseur/in – Frauen sind in der Überzahl – analysiert zunächst die Haltung des Tieres, seine Beweglichkeit und sein Umfeld, um das Muskelproblem genau zu definieren und die Ursachen einzugrenzen. Solche Ursachen können zum Beispiel ein zu kurzes Bein, ein schlecht sitzender Sattel oder auch schon ein unebener Untergrund im Stall sein.

Doch auch gesunde Pferde können von einer Massage profitieren. Sie fühlen sich dabei einfach wohl und entspannen sich – so wie wir Menschen auch. Oft schlafen die Pferde dabei sogar ein, so entspannt sind sie, was spätestens dann ein wenig unangenehm sein kann, wenn sich der dösende Gaul aus Gründen der Bequemlichkeit gegen die Wand lehnen möchte, vor der momentan jedoch noch der Masseur steht. Dann heißt es für diesen, möglichst schnell die Seite zu wechseln, denn so ein Pferd bringt zuweilen das Gewicht eines Kleinwagens auf die Waage, und wer käme schon auf die Idee, einen Fiat 500 auf dem eigenen Brustkorb parken zu lassen?

Wer dieses – eher minimale – Risiko nicht scheut und als Pferdemasseur oder -masseurin arbeiten will, sollte sich sehr gut mit Pferden, ihrem Körperbau und ihrer Körpersprache auskennen. Eine vorangegangene tiermedizinische Ausbildung kann keinesfalls schaden. Nun heißen Pferde in aller Regel nicht Mister Ed und können sich demzufolge kaum verständlich mitteilen. In punkto Mienenspiel hinken sie sogar den meisten menschlichen Bewohnern des mit ausdrucksstarker Mimik eher kärglich ausgestatteten Münsterlandes hinterher. Deshalb sollte der Mensch mit den heilenden Händen die Probleme seines tierischen Klienten auf andere Art und Weise ermitteln können. Erfahrung mit Pferden ist also durchaus vonnöten, Geduld und Einfühlungsvermögen sind gefragt, und eine gewisse Zuneigung zu den Grasvertilgern kann naturgemäß ebenfalls nicht schaden.

Im Klartext: Wenn man selbst völlig entspannt im Umgang

mit Pferden ist, wird sich diese entspannte Haltung auch auf das Pferd übertragen.

Beim eigentlichen Massieren kommt es hauptsächlich auf die Technik an. Trotz der deutlich größeren Masse eines Pferdekörpers muss man kein Muskelpaket sein, um die Tiere zu massieren. Manche Klienten sind allerdings auch unwillig, bleiben nicht ruhig stehen, beißen oder schlagen aus, weil sie – wie eben manche Menschen auch – einfach nicht gerne betatscht werden wollen oder das Gefühl nicht loswerden, dass der Trottel, der an ihnen herumhantiert, sowieso nichts richtig macht. In diesem Fall empfiehlt es sich, Arbeitswinkel zu wählen, die sich nicht in der Erreichbarkeit der Hufe oder des Gebisses befinden, was den Radius zwar einschränkt, aber es wird immer noch genügend Fleisch vorhanden sein, um sich daran zu versuchen. Und wenn Black Beauty erst einmal geschnallt hat, dass die Massage zu seinem Besten ist, wird er sich schlagartig vom wütenden Hengst in ein schafäugiges Kuschelwesen verwandeln.

Gefahr: *** (Pferdehufe sind hart, und es steckt viel Gewicht hinter ihnen. Und Pferde sind nicht immer geduldig und freundlich. Das ist für eine/n Pferdemasseur/in eine unangenehme Kombination. Zudem sind Pferde manchmal gerade in engen Stallboxen etwas anlehnungsbedürftig. Auch das kann unangenehm sein. Insgesamt also: mindestens drei Gefahrensterne – mit der Tendenz zu vier.)

Langeweile: *** (Glücklicherweise sind Pferde recht unterschiedlich, doch lässt sich nicht leugnen, dass man die Tiere massiert, um sie zu entspannen. Sehr spannend ist das auf Dauer natürlich nicht.)

Seltenheit: *** (Große Gestüte halten sich zuweilen eigene Pferdemasseure, ansonsten ist es häufig ein Nebenjob für den ohnehin bereits angestellten Pferdepfleger.)

Ekelfaktor: * (Wir setzen an dieser Stelle mal voraus, dass Pferdemasseure Pferde mögen. Eklig kann's dann eigentlich nur noch werden, wenn das Viech sich so sehr entspannt, dass es spontan der Darmentleerung frönt.)

Neidfaktor: * (Mädchen im Alter zwischen fünf und fünfzehn Jahren empfinden den Job zuweilen als traumhaft, aber meistens wächst sich das aus. Viel mehr Neider dürften Pferdemasseure kaum auf sich vereinen können.)

Tierpräparator

*P*reisfrage: Wo war es echt total angesagt, sich mit morbider Begeisterung, Tranchiermessern, Sägen und kochendem Öl eines soeben Verblichenen zu bemächtigen, an diesem mit Herzenslust herumzuschnipseln, Organe zu entnehmen und dennoch keine Panik vor den Profilern des FBI zu haben?

Wenn Sie jetzt spontan mit »Wisconsin« geantwortet haben, weil da einst Jeffrey Dahmer lebte und wirkte, verfügen Sie zwar über ein solides Grundwissen bezüglich amerikanischer Serienmörder, lassen es aber am notwendigen sittlichen Ernst fehlen.

Die Antwort muss natürlich »Ägypten« lauten, und Sie dürfen in der Zeitrechnung getrost ein paar tausend Jahre nach hinten springen, um den fröhlichen Mumienbastlern aus dem Nildelta bei der Arbeit über die Schulter zu gucken. Diese Experten profitierten seinerzeit vor allem von der sehr speziellen Art des ägyptischen Totenkults, bei dem der Verfall des eigenen Körpers nach dem Ableben als Super-GAU galt. Denn nur wer auf seinen eigenen zwei Beinen und einem Rumpf, der möglichst wenige Wurmlöcher aufwies, ins Totenreich spazieren konnte, durfte dort auf eine vergleichsweise angenehme Ewigkeit hoffen. Das Präparieren der Verblichenen nennt man übrigens »Einbalsamieren«, was von verschiedenen als »Balsam« bezeichneten Ölen herrührt, die man seinerzeit für die Dauerfrischhaltung verwendete.

Weit weniger Ansehen genossen jene Menschen, die sich – beginnend in der Renaissance und im 19. Jahrhundert eine

Blütezeit erlebend – mit der Tierpräparation beschäftigten. Diese hatten den undankbaren Job, sich in einem Zeitalter, in dem der Fotobeweis mangels entsprechender Technik schlechterdings unmöglich war, der Dokumentation der Arten anzunehmen, was dazu führte, dass sie sich mit allerlei totem Getier herumzuschlagen hatten. Nun mögen Sie einwenden, dass daran doch per se nichts Anrüchiges sein könne, doch das Gegenteil ist richtig.

Lassen Sie uns dies anhand eines Beispiels illustrieren: Ein großer britischer Naturforscher – nennen wir ihn Sir Archibald Dingsbums – reist mittels Schiff und Kamelkarawane durch die Soundso-Wüste, entdeckt in deren hinterstem Zipfel einen bis dato vollständig unbekannten Vierbeiner, den er – ganz Brite – mittels Blattschuss in die ewigen Jagdgründe schickt. Fragen der Arterhaltung haben Sir Archibald noch nie interessiert, aber er möchte natürlich sichergehen, dass das bisher unbekannte Tier als seine Entdeckung anerkannt wird und folgerichtig seinen Namen erhält – *Hippo Archibaldensis* beispielsweise. Was also tut Sir Archibald? Er schnallt das tote Tier auf ein Kamel, trabt durch den Wüstensand zurück in Richtung Meer, verschifft den mittlerweile schon extrem streng müffelnden Kadaver in Richtung England und präsentiert die zerfledderten Überreste nach wochenlanger Heimreise einem beflissenen Präparator. Dem schildert er nun, wie das Tier in natura ausgesehen hat und welche Körperhaltung die passende wäre und legt die bildhafte Darstellung sodann in die eifrigen Hände des Dienstleistenden.

Sir Archibald hat also ein Exemplar heimgebracht, und der Präparator hat es ausgestopft – auf das »Wie« kommen wir noch zu sprechen. Und weil sich *Hippo Archibaldensis* so hübsch im Kaminzimmer macht, wollen bald viele Briten ein ähnliches totes Tier zur Zierde des Eigenheims erwerben, senden entsprechende Expeditionen aus und bescheren den Präparatoren einen steten Strom an übel riechenden Exemplaren ein und derselben neuen Gattung, deren Population damit nicht selten in den Zustand eines städtischen Theaterbetriebs gezwungen wird: ohne staatliche Hilfe, Zuschüsse und wohlmeinende Mäzene zum Aussterben verurteilt.

Fassen wir zusammen: Tierpräparatoren galten schon deshalb als ein wenig anrüchig, weil es in ihren Werkstätten naturgemäß tatsächlich sehr streng roch. Außerdem mehrten sich im Laufe der Jahre jene Stimmen, die es für blanken Unsinn hielten, Tiere abzuknallen, nur um sie anschließend auszustopfen – ein anachronistischer Gedanke, der der menschlichen Sammelleidenschaft kaum gerecht werden kann, allerdings immer mehr Verfechter fand.

So richtig wohlgelitten sind Präparatoren bis heute nicht. Zwar haben sie das Geruchsproblem längst gelöst und leisten der Wissenschaft großartige Dienste, aber nicht jeder weiß die liebevolle Akribie, die diese Berufsgruppe bei ihrer Arbeit am Kadaver an den Tag legt, wirklich zu schätzen. Und der eine oder andere Fernsehkrimi greift die Thematik nur allzu gerne auf und illustriert anschaulich, dass das Ausstopfen eines Fuchses grundsätzlich keine anderen Anforderungen an die handelnde Person stellt als die Präparation der soeben gemeuchelten Schwiegermutter.

Jenseits dieser selbstverständlich völlig absurden Vorurteile ist der Beruf des Tierpräparators höchst anspruchsvoll. Man braucht dazu nicht nur künstlerisches Talent und fundierte Kenntnisse der Naturgeschichte, sondern muss auch um die Geheimnisse der Präparierung wissen und sich frühzeitig über die Form der Präsentation Gedanken machen. Wenn nämlich Klein-Henning in die Ausstellung des naturgeschichtlichen Museums stolpert, weil sein biologieaffiner Onkel ihn mit einer Mischung aus Zuckerwatte und Zuneigung da hineinmanipuliert hat, dann will er auf keinen Fall einen schlafenden Waschbären sehen, sondern am besten einen zähnefletschenden Tiger oder einen brüllenden Grizzly – auf dass auch der Geisterbahneffekt zu seinem Recht komme. Ein guter Präparator weiß deshalb: Nur ein eindrucksvolles totes Tier ist ein gutes totes Tier.

Zurück zum Berufsbild: Als Erstes häutet der Präparator das Ex-Lebewesen und präpariert Haut und Fell jeweils einzeln. Dazu bedient er sich einer ganzen Reihe von Chemikalien und Techniken, die wir nicht näher ausführen wollen und können. Er repariert alle Schäden, die die Hülle im lebenden oder toten Zustand erlitten hat, und wählt dann eine Form, an der er die Haut befestigen kann. Das Tier wird also nicht im eigentlichen Wortsinne »ausgestopft«, sondern die Hülle an einer Art Plastikmodell befestigt. Dabei stellt der Tierpräparator sicher, dass die Haltung des Tieres sein natürliches Verhalten widerspiegelt, was im Falle eines Goldhamsters nicht so schwer ist, bei Hundedame Fifi jedoch durchaus zur Herausforderung werden kann. Denn heutzutage wird die tote Pralinenvernichterin nicht aus Gründen der naturwissenschaftlichen Dokumentation für die Ewigkeit in Form gebracht, sondern weil sich Fifis Frauchen, im Hundejargon auch als »die Pralinenbeschafferin« bekannt, mit dem durch einen Porsche verursachten jähen Tod des treuherzigen Wauwaus nicht abfinden kann. Sie möchte Fifi für den Rest ihres Lebens möglichst naturnah neben sich wissen und wählt daher die bevorzugte Haltung ihres jüngst überrollten Lieblings: auf den Hinterbeinen balancierend, hechelnd – und in der Pupille spiegelt sich ein Schokoriegel. »So goldig. Wirklich. Herzig. Genau so ist sie immer dagestanden. Die Fifi. Ja, ja.«

Der Präparator steht nun also vor der Herausforderung, die deutlich sichtbaren Profilspuren eines Bridgestone-Pneus aus dem Fell zu bügeln und anschließend ein Modell zu erstellen, auf das er Fifis Hülle kleben kann. Kein leichtes Unterfangen, doch tatsächlich verdienen die meisten Präparatoren heutzutage ihr Geld hauptsächlich damit, den Hinterbliebenen pflegeleichte Haustiere für die kommenden Jahrzehnte anzudienen. Das ist zwar nicht ganz billig, aber umsonst ist bekanntlich nur der Tod, und wenn man dazu noch in Rechnung stellt, dass Fifi und Konsorten weder Auslauf noch Pralinen benötigen, rechnet sich der Aufwand mit der Zeit durchaus.

Gefahr: * (Nehmen wir mal an, Sie sollen einen Königstiger präparieren, und der hat sich beim Transport nur tot gestellt. Dann haben Sie ein Problem. Sonst nicht.)

Langeweile: ** (Zwei Sterne gibt's nur deshalb, weil die Beschäftigung mit diversen Chemikalien aus Sicht des Autorenteams keinen unbedingten Sinnesrausch darstellt. Ansonsten ist das abwechslungsreiche Wühlen in den verschiedensten toten Körpern eines sicherlich nicht: langweilig.)

Seltenheit: ** (Die Gründung einer Gewerkschaft dürfte schwierig sein, aber so richtig exotisch ist der Job nun auch wieder nicht.)

Ekelfaktor: **** (Tja, nun – aus unserer Sicht ist das schon eine recht eklige Kiste. Der Geruch. Das Blut. Die Organe. Und die übrigen Innereien. Andererseits: Was tut noch mal ein Fleischer?)

Neidfaktor: * (Ganz am Anfang unseres Beitrags hatten wir von Jeffrey Dahmer gesprochen. Der wäre vermutlich neidisch gewesen, und vielleicht hätte sein Leben eine ganz andere Wendung genommen, wenn er im alten Ägypten gelebt hätte. Abgesehen von ihm und ein paar anderen durchgeknallten Kannibalen fällt uns allerdings niemand ein, der wirklich neidisch sein könnte.)

Kapitel 4

Die schmutzigsten Jobs

»It's a dirty job, but somebody's got to do it«, sagte bereits John Wayne. Ob er dabei an Dixi-Klo-Fahrer, Deo-Wirksamkeitstester oder Tatortreiniger gedacht hat?

Geruchsbeurteiler/Deo-Wirksamkeitstester

Sie kennen doch alle diese Werbespots, in deren Verlauf junge, zumeist höchst attraktive Frauen sich dank eines speziellen Deos – wir nennen es jetzt mal Maxe ohne M – dem eigentlich eher unauffälligen Durchschnittstypen von nebenan praktisch willenlos in die Arme werfen.

Schon mal gesehen? Ja?

Schon mal ausprobiert? Und? Hat nicht geklappt?

Das tut uns leid, doch immerhin können wir Ihnen nun diejenigen nennen, die Sie möglicherweise für dieses Versagen zur Rechenschaft ziehen können: die Mitarbeiter der Firma Hill Top im amerikanischen Bundesstaat Ohio nämlich.

In deren Laboren spielen sich Tag für Tag seltsame Szenen ab. An langen Tischen sitzen viele Menschen – die meisten von ihnen sind Frauen – und schnuppern angestrengt an den verschiedensten Gegenständen. Einige nehmen Duftproben mit weit offenen Mündern und aufgeblähten Nüstern, andere beriechen feine Stöffchen mit zusammengepressten Augen und sichtbar so konzentriert wie weiland Karl-Theodor zu Guttenberg beim Verfassen seiner legendären Doktorarbeit.

Beschnuppert werden vor allem neue Produkte, bei denen es – das haben langwierige empirische Forschungen ergeben – für den Konsumenten in hohem Maße auf den Geruch ankommt. Bei Mundwässern beispielsweise ist das nur allzu verständlich, denn wer aus dem Maule riecht wie ein Iltis, der wird es beim intimen Smalltalk im Stammcafé eher schwer haben. Aber auch Babywindeln werden unter die Nasen gehalten, denn diese müssen, um bei den lieben Eltern anzukommen, einen ganz bestimmten Frischegeruch absondern, der dann in Verbindung mit den Inhalten des kindlichen Verdauungstraktes eine Mischung ergibt, die irgendwie süßlich und damit nicht mehr ganz so ekelhaft riecht. Klingt sonderbar, ist aber so.

Eine der Hauptaufgaben der Hill-Top-Schnüffler, deren Geruchsvermögen übrigens monatlichen Kontrollen unterzogen wird, ist der Deo-Test. Das unter die Achseln gesprühte oder getupfte Düftchen besitzt in westlichen Zivilisationen bekanntlich mittlerweile Kultstatus, ist so unverzichtbar wie Trinkwasser und Fertigpizza geworden und generiert Monat für Monat Milliardenumsätze auf dem großen Markt der Drogerieprodukte. Um herauszufinden, wie gut ein Deo gegen Achselschweißgeruch hilft, wie lange es wirkt, welche Assoziationen der Geruch auslöst und wie er sich im Laufe der Zeit entwickelt, werden natürlich nicht nur die professionellen Supernasen eingesetzt, sondern Hill Top beschäftigt ganze Scharen von menschlichen Geruchsprobanden. Studenten – gerne auch langhaarig, ungepflegt und mit einer gewissen Scheu vor exzessiven Reinigungsritualen – sind besonders begehrte Testpersonen, aber auch Barney, der beleibte Bauarbeiter, der sein Feinripp-Unterhemd als Hautersatz nutzt und Warmwasserduschen für eine Erfindung von und für Weichlinge betrachtet, bekommt bei Hill Top die Chance, ein paar Dollar mit vergleichsweise leichter Beschäftigung nebenher zu verdienen. Die Testpersonen müssen es sich lediglich gefallen lassen, dass sie mehrmals pro Tag intensiv beschnüffelt werden – wer einen Hund zu Hause hat, kennt das Gefühl – und sich eventuell eine Weile in bestimmten Körperregionen nicht waschen dürfen, was beispielsweise Barney nur ein Mindestmaß an Überwindung kostet.

Die Tester von Hill Top sollten neben einem feinen Geruchssinn, der übrigens bei Frauen im Durchschnitt etwas ausgeprägter ist als bei Männern, die Fähigkeit mitbringen, gewisse Ekelgrenzen peu à peu nach oben zu verschieben. Denn neben dem Beschnuppern haariger Achseln droht in bestimmten Testreihen auch der regelmäßige Kniefall. Schließlich hat die Kosmetikindustrie auch die verdammte Pflicht und Schuldigkeit, der Geruch von Schweißfüßen – ein Problem, das die Menschheit seit Dekaden an den Rand der Verzweiflung bringt – nachhaltig zu bekämpfen.

Gefahr: * (Nur Allergiker laufen ein gewisses Risiko.)

Langeweile: ** (Man lernt viele Menschen kennen und jede Menge Gerüche. Die Tätigkeit als solche ist jedoch durchaus ein wenig eintönig. Zwei Langweile-Sterne ...)

Seltenheit: *** (Ist schon ein recht exklusiver Job, den die Supernasen da bekleiden, auch wenn es mittlerweile außer Hill Top schon weitere Konzerne gibt, die professionelle Produktschnüffler beschäftigen.)

Ekelfaktor: **** (Vor allem die Beschäftigung mit den Testpersonen könnte zu einer nachhaltigen Belastung des eigenen Selbstwertgefühls führen. Stellen Sie sich nur mal vor, Sie kriegen einen ganz bestimmten Schweißgeruch einfach nicht mehr aus der Nase ... Igitt.)

Neidfaktor: (Weinkenner mögen Sie um Ihre gute Nase beneiden – um Ihren Job beneidet Sie mutmaßlich niemand.)

»Dixiklo«-Fahrer

Abseits von Religion und Politik, von Sport und Musik, von Geschichte und Ökonomie – abseits all dieser wichtigen Themen gibt es eine Frage, die Menschen aller Nationen und Kulturen einen kann: die Verdauung.

Egal, ob Sie in einem Krankenhaus in Thessaloniki oder Tadschikistan mit dem Leben abgeschlossen haben, unabhängig von der Frage, ob Sie im Wartezimmer eines Podologen oder eines Dentisten sitzen, ungeachtet der Frage, ob Ihnen die Amputation einer Gesäßhälfte droht oder die Untersuchung Ihrer Leberwerte einen Assistenzarzt in einen virtuellen Vollrausch versetzt hat – immer und überall wird das Gespräch auf die Frage der Verdauung kommen.

Nicht, dass dies ein angenehmes Thema wäre – im Gegenteil. Je älter man wird, desto mehr Probleme bereitet die interne Umwandlung der zugeführten Nahrung schließlich: Von der Verstopfung bis zur Diarrhö ist der Weg meist kurz, aber schmerzhaft, und im Laufe eines langen Lebens ist die einwandfrei funktionierende Darmtätigkeit ohnehin eher die Ausnahme als die Regel, was wiederum erklärt, dass vor allem ältere Menschen einen ausnehmend großen Wortschatz in petto haben, wenn es darum geht, das jeweils passende Beschwerdebild für den Zuhörer plastisch zu umreißen.

Auch wir wollen uns jetzt dieser Thematik annähern, wenngleich weniger auf dem medizinischen Trampelpfad als vielmehr auf dem Umweg über die wirtschaftliche, genauer gesagt die berufliche Seite der Verdauungsproblematik. Denn tatsächlich ist das Kreuz mit dem Darm, dass er sich nur schwer erziehen lässt. Das heißt – er wird aktiv, wenn es ihm passt, und diese Phasen müssen nicht immer und überall mit den Bedürfnissen und/oder Wünschen seines Trägers übereinstimmen.

So kann es also durchaus passieren – und es passiert immer, verlassen Sie sich drauf –, dass auf dem dreitägigen Freiluft-Fest der volkstümlichen Weisen im schönen Zillertal ein Darmvirus sein Unwesen treibt, das die Zuhörerschaft reihenweise dazu zwingt, den mittäglichen Semmelknödel stante pede den Weg alles Irdischen gehen zu lassen. Ähnliche Szenarien lassen sich beispielsweise auf Volksfesten ersinnen, auf großen Rockkonzerten oder Baustellen aller Art. All dies sind Örtlichkeiten, die normalerweise keine Badezimmer aufweisen, und da die massenhafte Entleerung in Mutter Natur schon aus ökologischer Sicht nicht angebracht ist, hat einst ein schlauer Mensch die transportable Toilette erfunden: das Dixiklo.

Schlank ist es, und es gemahnt in seiner Form fast ein bisschen ans Phallische. In der Regel ist das Häuschen in hellen Blautönen gehalten und mit einer Art weißem Kuppeldach versehen. Und es ist oftmals die letzte Rettung für jene, die mal »ganz dringend für kleine Königstiger« müssen. Beispielsweise nach dem Genuss eines aus der Feldküche stammenden Chili con Carne, für dessen Frische ein beleibter Koch mit Schweißperlen auf dem schütteren Ansatz der fettigen Haare seine schwielige Hand ins Herdfeuer legen würde. Wer es dann nicht mehr bis zur nächsten öffentlich zugänglichen Toilettenanlage schaffen würde, ist dankbar und froh, ein Dixiklo zu entern.

Dixiklos sind also eine Art Windel für den Erwachsenen, sind unverzichtbare Bestandteile von Massenveranstaltungen und Großbaustellen geworden. Was allerdings kaum jemand weiß, weil sich kaum jemand darüber ernsthaft Gedanken machen will: Dixiklos sind irgendwann mal voll. Komplett. Dicht. Ihr Speicher fasst nix mehr. Ende Gelände. Aus die Maus. Feierabend.

Sobald dies der Fall ist, oder möglichst noch knapp vor dieser Stunde X, müssen sie abtransportiert, geleert, gereinigt und anschließend zum neuen Bestimmungsort gebracht werden. Und genau dafür gibt es Spezialisten: die Dixiklo-Fahrer. Diese haben gelernt, den besagten Speicherinhalt mit einem speziellen Servicemobil (Saugwagen) des jeweiligen Unternehmens abzupumpen und ihn möglichst umweltgerecht in der nächstgelegenen Kläranlage zu entsorgen. Dafür braucht es die entsprechende Ausbildung und eine gewisse geistige Grundhaltung, die immer dann gefragt ist, wenn das Dixiklo vor dem Entleeren von besonders witzigen Zeitgenossen umgekippt wurde oder schlicht und ergreifend übergelaufen ist, denn auch das passiert immer wieder.

Übrigens: Fürstlich entlohnt wird diese verdienstvolle Arbeit am Wohl der Menschheit nicht unbedingt. Im Schnitt verdient ein Dixiklo-Fahrer in Deutschland rund sechzehnhundert Euro im Monat.

Gefahr: * (Je mehr wir unsere Fantasie kreisen lassen, desto mehr Gefahren fallen uns ein: Die Absaugvorrichtung könnte lecken, die Pumpe explodieren, der »Tankwagen« verunglücken usw. Realistisch ist dies alles eher nicht – deshalb bei Gefahr nur ein Stern.)

Langeweile: **** (Wenn der folgende Satz auf irgendetwas wirklich zutrifft, dann auf Dixiklos: Hat man eines gesehen, hat man alle gesehen.)

Seltenheit: *** (Egal, wie häufig es diesen Beruf wirklich gibt – kaum jemand wird sich dazu bekennen, ein Dixiklo-Fahrer zu sein.)

Ekelfaktor: ***** (Was pumpt ein Dixiklo-Fahrer ab? Müssen wir mehr sagen? Fürf Sterne.)

Neidfaktor: (Was pumpt ein Dixiklo-Fahrer ab? Müssen wir mehr sagen? Null Sterne.)

Tatortreiniger

Kaum ein Berufsstand erfreut sich derzeit so großer literarischer Beliebtheit wie der des Pathologen. In Romanen und diversen Fernsehserien lösen Gerichtsmediziner mittels diverser Mikroorganismen, verschiedener ph-Werte, mikroskopisch kleiner Knochensplitter und natürlich der offenbar ebenso unverzicht- wie unfehlbaren Faserspuren einen spektakulären Mord nach dem anderen. Dabei stellen sie den guten alten Kommissar stets in den Schatten und wirken dabei auch noch unglaublich eloquent, sodass man sich unwillkürlich fragt, warum man eigentlich nicht irgendwann selbst einmal die behandschuhten Fingerchen bis über die Ellbogen hin im Gekröse eines soeben Gemeuchelten versenkt. Scheint ja doch irgendwie Laune zu machen, und über einen Mangel an Abwechslung kann der Diagnosegott auch nicht klagen. Tja, Pathologe müsste man sein.

Eine kleine Einschränkung gilt es jedoch vorzunehmen: Man sollte über einen gesunden Magen verfügen. Nicht alle Menschen sind nämlich gleichermaßen gut dafür geeignet, mit den großen Themen wie Tod, Sterblichkeit und Verwesung angemessen umzugehen, und das Ausschaben einer freigelegten Arterie, um dort eine hawaiianische Pollenart als ultimativen Beweis zu finden, führt bei empfindlicheren Gemütern zuweilen zu unangenehmen Nebenerscheinungen und Begleitumständen. Etwas lyrischer ausgedrückt: So viel Blut und Innerei sorgt für gekotztes Allerlei.

Und genau dieser gereimte Euphemismus aus dem Handbuch des kleinen Brachialpoeten bringt uns zum eigentlichen Thema dieser Zeilen: Wer macht eigentlich den Dreck weg? Ja, ja – schon klar. Für den Mausetoten ist ein ordentlich bestallter Bestattungsservice das Mittel der Wahl, und da blutige Messer, mit Wundekzemen besetzte Schrapnellsplitter und Kugelfragmente, an denen sich noch Reste der Hirnanhangdrüse sichern lassen, bekanntlich Beweismittel sind und in kleinen durchsichtigen Beutelchen verstaut werden, bleiben letztlich bloß die Blut- und Urinflecken, die für die Beweisführung nicht benötigten Mageninhalte, die möglicherweise absichtslos verstreuten Tuberkel-Bazillen sowie weitere appetitanregende Klein- und Kleinstreste aus der Krabbelkiste des Grauens.

Bloß?

Mal ehrlich: Irgendjemand muss doch so einen Tatort irgendwann auch mal aufräumen. Sauber machen. Putzen. Vom Geruch befreien.

Stellen Sie sich doch bitte mal vor, in München-Schwabing hat sich der einsame Klaus-Dieter mittels eines Rasiermessers nicht nur seines lockigen Bartes beraubt, sondern sich zum Behufe des fließenden Übergangs in die ewigen Jagdgründe gleich auch noch die Kehle durchgeschnitten, blutet darob sauber aus und liegt nun – in Ermangelung einer Lebensabschnittsgefährtin – vollständig unbemerkt drei Wochen lang herum, bis man sich im darüber liegenden Penthouse endlich wegen der vielen Fliegen beschwert.

Können Sie sich ausmalen, wie es in Klaus-Dieters Appartement zu diesem Zeitpunkt bereits riecht? Ja? Hochsommer, achtundzwanzig Grad Celsius und Föhn über München? Den Geruch schon in der Nase? Nein? Gut – ist auch besser so. Tatsache ist, dass Sie die Wohnung des freundlichen Rasierfetischisten nie wieder vermieten können, wenn Sie den Geruch nicht aus den Wänden schrubben. Und die Blutflecken.

Und die Fliegen. Die vor allem. Und dafür sind nicht die Kommissare zuständig und nicht die Gerichtsmediziner und leider auch nicht die schon angesprochenen Pathologen: Das macht heutzutage der Tatortreiniger.

Egal, ob Selbstmord, Unfall oder Mord: Bis vor nicht allzu langer Zeit überließen die jeweils beauftragten Einsatzkräfte es einfach den Hausmeistern oder dem wöchentlich anrückenden Putzgeschwader, die Schweinerei zu beseitigen. Doch dieser Job ist nichts für schwache Nerven. Tatsächlich überfordert er zuweilen selbst die scheinbar Kräftigsten. Und die Vorstellung, dass Hausmeister Karl, der seine Verantwortung ansonsten in Form einer Mischung aus Scharfrichter, Blockwart und Einheitsparteivorsitzendem wahrnimmt, plötzlich zum schwer traumatisierten Waschlappen mutiert und daherkommt wie ein wimmernder Pandabär im Kinderwagen, ist nur schwer erträglich. Zudem gilt natürlich, dass Putzen nicht gleich Putzen ist und dass das Reinigen eines Tatortes ganz andere Aufgabenstellungen bereithält als das Schrubben einer Herrentoilette im Wohnheim der Mülheimer Bereitschaftspolizei. Obwohl – ganz so groß dürfte der Unterschied dann doch nicht sein.

Egal: Fachgerechte Durchführung ist gefragt, denn der versierte Tatortreiniger weiß beispielsweise, dass man sehr spezielle Reinigungsmittel benötigt, um Blutspuren wirklich porentief aus der Tapete zu bekommen. Zudem sollte die Reinigungsfachkraft auch noch wachsam genug sein, um einen möglicherweise übersehenen Revolver mit Kaliber 45 nicht für einen Briefbeschwerer zu halten, sondern die Wumme mit süffisantem Lächeln den saumseligen Kollegen von der Spurensicherung in die Hand drücken zu können.

Eine Berliner Gebäudereinigungsfirma (Heistermann Gebäudeservice) hat hier eine Marktlücke entdeckt und sich auf die Reinigung von Tatorten spezialisiert. Als einzige Firma bundesweit bietet sie auch die Ausbildung zum Tatortreiniger an. Wenn man sich so nennen darf, trägt man bei der Arbeit einen weißen Ganzköperanzug (Ja – genau wie die im Fernsehen), weiße Gummihandschuhe (très chic), Atemschutzmaske und Plastikbrille. Alles in allem ein modisch beeindruckender Auftritt, dessen virile Seriosität nur noch durch den ebenfalls per Intensivschulung vermittelten pietätvollen Umgang mit den Angehörigen des Dahingeschiedenen getoppt wird. Denn wenn Sie in Ausübung Ihrer Hygiene-Pflicht ausgerechnet in der Unterwäscheschublade wischen und dort auf die erotischen Spielzeuge der nicht eben erheiterten jugendlichen Gespielin des Opfers stoßen, brauchen Sie nicht nur eine gute Begründung für Ihr Tun, sondern auch eine angemessen diskrete Visage.

Zudem sollten Sie sich tunlichst vor Infektionen schützen, Räume wirklich gründlich desinfizieren können und Ungeziefer derart effizient in den Insekten-Hades schicken, dass eine baldige Rückkehr so gut wie ausgeschlossen werden kann.

Und wer beauftragt die Tatortreiniger? Meist sind es Hausverwaltungen und Angehörige, die nach Selbstmorden oder Unglücken die Tatortreiniger rufen. Ein bis zwei Aufträge bekommt das erwähnte Unternehmen pro Monat – in den USA existieren da natürlich ganz andere Größenordnungen. Abschließend noch ein kleiner Filmtipp: In »Sunshine Cleaning« (USA, 2008) benötigen zwei Schwestern dringend Geld und machen sich als Tatortreinigerinnen selbstständig. Durchaus sehenswert.

Gefahr: ** (Tödliche Gifte und heimtückische Gase? Ach was – die meisten Tatorte sind eigentlich eher unspektakulär, und richtig gefährlich ist es nur dann, wenn man nicht vorbereitet ist auf das, was einen erwarten könnte.)
Langeweile: * (Wenn die Beschreibung des Tathergangs zur

Reinigung des Tatortes mitgeliefert wird, ist es garantiert nicht langweilig.)

Seltenheit: **** (In Mitteleuropa darf man sich als Tatortreiniger noch einem erlauchten Kreise zugehörig fühlen. Nicht schlecht für 'ne Putzbrigade ...)

Ekelfaktor: **** (Der Mensch neigt vor allem im Augenblick des Todes dazu, bestimmte Körperflüssigkeiten abzugeben. Das ist rein optisch nicht sehr schön. Olfaktorisch übrigens auch nicht.)

Neidfaktor: ** (Möglicherweise würden fanatische Leser detailverliebter Krimiautoren gerne mal mit einem Tatortreiniger tauschen wollen, sonst allerdings wohl eher niemand.)

Pornostar

Manche von ihnen haben es mittlerweile sogar ins Vorabendprogramm geschafft, versuchen sich als seriöse Darsteller in verschiedenen Doku-Soaps und betonen gerne bei jeder passenden und unpassenden Gelegenheit, dass sie ihre Vergangenheit natürlich nicht bereuen. Warum auch? Man habe schließlich ein Bedürfnis befriedigt, die Nachfrage regle das Angebot und überhaupt: Sex sei nichts, wofür man sich schämen müsse.

Die Rede ist von Darstellern in pornografischen Filmen, wobei sich die Bezeichnung »Pornostar« mutmaßlich nur diejenigen verdienen, die in so vielen Produktionen mitgewirkt haben, dass ihre Präsenz dem Konsumenten nachhaltig in Erinnerung bleibt. Wobei sich das Wort »Präsenz« in diesen speziellen Fällen ausnahmsweise nicht auf diverse Körperöffnungen bezieht, sondern tatsächlich auf das Gesicht, denn nur dann, wenn ein Protagonist der Sexfilmindustrie es geschafft hat, über Merkmale wie Augen, Mund und Nase wahrgenommen und identifiziert zu werden, darf er für sich den Status eines Stars in Anspruch nehmen. Alle anderen sind ... äh ... wie sagen wir es am besten ... Fleisch.

Statt hier jetzt die moralische Keule rauszuholen, zitieren wir einfach mal ein paar Studien und Zahlen. Demnach scheffelt die Pornoindustrie einen Jahresumsatz von etwa zwanzig Milliarden Dollar und erwirtschaftet dabei mehr als beispielsweise die Musikbranche. Rund fünfzig Prozent aller Erwachsenen konsumieren gelegentlich einen pornografischen Streifen oder haben dies in der Vergangenheit schon einmal getan, etwa siebzig Prozent des Pornokonsums im Internet findet während der Arbeitszeit an Rechnern des Arbeitgebers statt (Studie der University of Pennsylvania, 2005). Und im San Fernando Valley, dem Epizentrum des pseudoerregten Stöhnens, werden in rund zweihundert Studios pro Jahr etwa zehntausend Filme produziert. Jedes Studio schafft demnach im Schnitt einen dieser cineastischen Höhepunkte ☺ pro Woche – Respekt. Rund sechstausend Menschen leben im Valley von der Pornoindustrie – etwa ein Drittel davon sind Darsteller.

Angesichts dieser beeindruckenden Zahlen muss man verstehen, dass zuweilen einfach nicht genügend Zeit bleibt, die Darsteller in Fragen von Mimik, Gestik und Artikulation entsprechend zu schulen – der verwöhnte Konsument muss leider immer wieder Abstriche in der Glaubwürdigkeit von Handlungsstrang und Dialogen hinnehmen. Schade – andererseits halten sich die diesbezüglichen Beschwerden überraschenderweise in Grenzen.

Unterscheiden muss man bei den Darstellern zwischen Männern und Frauen, wobei hier die geschlechtsspezifischen Unterschiede zwangsläufig noch etwas deutlicher präsentiert werden als in anderen Berufen. Von Männern wird in erster Linie verlangt, dass sie immer, überall und mit jeder/jedem »können«, von Frauen wird erwartet, dass sie nicht allzu wählerisch bei der Auswahl ihrer PartnerInnen sind. Die geschlechtsspezifischen Attribute sollten meistens im XXL-Format vorgehalten werden; körperliche Fitness ist Grundvoraussetzung.

Noch eine kleine Anmerkung zum Rollenbild in der Pornoindustrie: Zwar werden Frauen dem Konsumenten dort zumeist als willige Dummchen verkauft, verdienen in der Regel allerdings deutlich mehr als ihre männlichen Kollegen. Voraussetzung:

Man ist am Markt etabliert und hat sich bereits eine gewisse Fan-Gemeinde »erarbeitet«. Stichwort: Dolly Buster.

Sollten Sie sich nun fragen, wie man sich als Volljähriger mit einem IQ jenseits der 55 auf eine Beschäftigung als PornodarstellerIn am besten vorbereitet, dürfen wir Ihnen zwei Verbalbeispiele mit auf den Weg geben, mit denen Sie vor jedem noch so anspruchsvollen Regisseur der Branche zweifellos punkten können.

Für die Dame: »Jaaa (inbrünstig), oh jaaaaaaa (noch inbrünstiger), gib's mir (fordernd), du Hengst (bewundernd). Los (energisch), fester (wiederum fordernd), aaaaahhh (leidenschaftlich) ... tiefer (wimmernd) ... gut, gut (erwartungsvoll) ... jaaaaaaa!« (lautmalerisch zufrieden).

Für den Herrn: »Grunz« (in Variationen).

Gefahr: ** (Im Zeitalter von AIDS geht vom ständig wechselnden Geschlechtsverkehr ein gewisses Risiko aus. Mal abgesehen davon, dass es besonders ekelhafte Regisseure von besonders ekelhaften Filmen gibt, die besonders ekelhafte Praktiken fordern, die zuweilen eben auch gefährlich sind.)

Langeweile: ** (Kommt drauf an: Wenn man nicht zu viele Ansprüche stellt und ständig wechselnde Pappkulissen unterhaltsam findet, dann langweilt man sich nicht. Sonst wahrscheinlich schon.)

Seltenheit: * (Früher war die Fremdenlegion für viele der letzte Ausweg. Heute ist es die Pornoindustrie.)

Ekelfaktor: **** (Wenn Sie die nächtlichen Handy-Porno-Werbespots kennen, dann ahnen Sie vielleicht, wie widerwärtig diese Industrie sein kann.)

Neidfaktor: ** (Es gibt Männer, die wären gerne Pornostars. Punkt. Ob dies nachvollziehbar und verständlich ist, muss jeder selbst beurteilen.)

Erfinder von Unterwäsche, die den Geruch von Blähungen reduziert

*E*s ist – das sei gleich einmal in aller Deutlichkeit vorweggeschickt – überhaupt nicht lustig, wenn jemand an Morbus Crohn leidet. Nicht die Spur. Null. Mag da auch der eine oder andere grinsen, mag sich da gemeine Häme oder fieses Kichern breitmachen – wir lehnen diese Erheiterung ab.

Ach so? Sie wissen gar nicht, was Morbus Crohn ist? Nun, also ... äh ... das ist so 'ne Krankheit. Eine ziemlich unangenehme. Eine irgendwie ... hüstel ... anrüchige Sache. Also ... ähem ... eine Person, die an Morbus Crohn leidet ... also ... äh ... die kann ihre ... Nun ... äh ... also, die kann ihre Lüfte ... pffff, oder so ... nicht bei sich behalten. Diese Person hat ... nun ... hmpf ... ein Problem mit dem Verdauungstrakt. Sie verstehen? Nein? Na gut – dann die brachiale Ansage: Wer an Morbus Crohn erkrankt ist, furzt (frei nach Martin Luther und schon deswegen nicht zu beanstanden) praktisch pausenlos. Massivste Blähungen. Ohne Unterlass und Gnade. Sorgt in jedem Raum für spontane Selbstbeschnüffelungsorgien zufällig anwesender Landwirte, die glauben, in irgendeine Güllepfütze gelatscht zu sein. Morbus Crohn ist unter olfaktorischen Gesichtspunkten so ziemlich das Gemeinste, was sich der Schöpfer an Grausamkeiten für seine unbotmäßigen Adam-und-Eva-Nachfahren ausgedacht hat. Stinkt wie die Pest, echt fies. Und ist überhaupt nicht lustig, denn die Krankheit, die oftmals in Schüben auftritt, kann mehrere Teile des Darms erfassen und auch sehr schmerzhaft sein. Hören Sie also sofort auf zu kichern, Sie Schlurch.

Menschen, die an dieser Krankheit leiden, haben es naturgemäß nicht immer leicht im Leben. Selbst gute Freunde sind dauerhaft nur schwer in der Lage, das Problem zu »überriechen«, was dazu führt, dass die Patienten zwangsläufig zu einer gewissen Vereinsamung tendieren. Umso schöner und – Sie mögen uns die Wortwahl in diesem Zusammenhang nachsehen – romantischer ist es, wenn sich ein Partner findet, der mit dem/der Erkrankten trotz alledem durch die Fährnisse des Lebens schippert.

Buck Weimar aus dem schönen Städtchen Pueblo im amerikanischen Bundesstaat Colorado ist so ein Mensch, dessen wahre und tiefe Zuneigung zu seiner Frau man wirklich niemandem mehr unter die Nase reiben muss. Die Gute leidet nämlich seit Jahren an Morbus Crohn. Statt nun blitzschnell zu verduften, tüftelte der gute Buck jahrelang und suchte nach einer Möglichkeit, seiner Angebeteten auch eine Art öffentliches Leben zu ermöglichen. Sechs Jahre lang experimentierte der fleißige Bastler mit den verschiedensten Filtern und Materialien und begann 2001 mit dem Verkauf seiner »Anti-Geruchs-Unterhosen«. Die patentierten Dinger, von denen er via Internet schon stattliche 25 000 verkauft hat – der Preis beträgt derzeit übrigens erschwingliche 29,95 Dollar pro Stück –, bestehen aus einem weichen, luftdichten Stoff (mit Polyurethan besetztes Nylon). Damit die Unterwäsche luftdicht bleibt, befindet sich ein Gummizug an der Taille und an den Beinen, was die Qualifikation für einen Striptease-Auftritt in der örtlichen Table-Dance-Bar zwar reduziert, für die Patienten jedoch höchst sinnreich ist.

Auf der Rückseite der Unterhose befindet sich ein dreieckiger »Ausgang« für die Gase, denn diese lassen sich natürlich nicht bis Ultimo aufstauen. Sonst bekäme das Wort »Blähungen« urplötzlich eine ganz neue Bedeutung. Dieses »Austrittsloch« ist von einem »Ventil« aus normalem, luftdurchlässigem Stoff bedeckt. Alle Gase müssen durch dieses Ventil austreten, aber das – und jetzt kommt der Knüller an Buck Weimars Erfindung – tun sie natürlich nicht einfach so. Im Ventil nämlich befindet sich ein hoch funktionaler, austauschbarer Filter – das Herzstück dieser segensreichen Erfindung.

Der Filter besteht aus mehreren Schichten: Ganz außen sind zwei Schichten aus Filz, dann folgen zwei Schichten aus Polypropylen und Glasfaserdämmstoff. Im Zentrum des Filters befindet sich zudem eine Schicht aus Absorptionskohle. Außen ist der Filter dann von weichem normalem Stoff bedeckt, damit man ihn leicht austauschen kann. Die Unterhosen sind waschbar und können etwa ein Jahr verwendet werden – je nachdem, wie häufig sie benutzt und gewaschen werden. Ein Filter kann einige Wochen bis einige Monate halten, wobei dies auch davon abhängt, in welcher Häufigkeit beim jeweiligen Träger die Krankheitsschübe auftreten.

Fazit: Buck Weimar aus Pueblo ist der erste und mutmaßlich einzige »Starke-Darmgerüche-absorbierende-Unterwäsche«-Produzent des Erdballs. Wir wissen nicht, ob der Mann noch weiteren Erwerbszweigen nachgeht, attestieren ihm jedoch bedenkenlos, neben seiner Frau auch vielen anderen Patienten das Leben entscheidend erleichtert zu haben. Respekt, Mr. Weimar, Respekt.

Gefahr: * (Uns fällt nichts ein, was am Verkauf dieser Art von Unterwäsche gefährlich sein könnte.)
Langeweile: *** (Hat man die heißen Höschen erst einmal erfunden, gibt es sicher spannendere Beschäftigungen.)
Seltenheit: ***** (Buck Weimar ist, zumindest unserem Kenntnisstand nach, der one and only. Unser Held. Fünf Sterne.)

Ekelfaktor: ** (In der Entwicklungsphase könnte Buck der
  Job schon ab und zu ziemlich gestunken haben – mittlerweile dürfte es keinen Ekelfaktor mehr geben.)
Neidfaktor: * (Man mag Buck um seine Kreativität beneiden,
  um seine Geschäftstüchtigkeit und vielleicht auch um sein
  hübsches Haus. Um seinen Job beneidet ihn wohl niemand.)

Schlussmacher

*D*a gibt es eine Dame, die sich allen Ernstes »Naddel« nennen lässt und ihre Popularität der Tatsache verdankt, dass sie in den ruchlosen Achtzigern eine der Gespielinnen eines seit Jahrzehnten offenkundig hirnamputierten selbst ernannten Pop-Titanen war. Viele Jahre später trennte sie sich per Kurznachricht von einem weiteren angejahrten Zierdeckenwärmer namens Ralph Siegel. Dieser Vorgang gab dem Boulevard wochenlang Anlass, sich über Stilistisches in Beziehungsfragen zu erregen. So könne man mit dem alten Mann doch nicht umgehen, lautete der Tenor, das sei ganz und gar nicht nett gewesen. Mal abgesehen davon, dass die Kombination Naddel-Siegel-Handy mit Stil nicht wirklich viel zu tun hat, beweist diese Debatte doch sehr anschaulich, dass die Zeit reif ist für professionelle Hilfe beim Beenden von unliebsam gewordenen Beziehungen.

Mal ernsthaft: In Zeiten, in denen es Menschen gibt, die die Betätigung des Mag-ich-Buttons auf ihrer Facebook-Seite für einen Beweis echter Zuneigung halten, ist es doch eigentlich müßig, ständig über Werte zu faseln. Wenn sich Naddel nach einem neuen Sponsor umsehen will, dann kann sie sich doch nicht auch noch die Zeit nehmen, den nicht mehr ganz taufrischen Ex mit warmen Worten und feuchtem Händedruck persönlich in die Diaspora der Münchner Schickeria zu entlassen. So viel Zeit hat heute doch kein Mensch mehr. Eine versöhnliche SMS, die in klaren Worten sowohl die Trennungsabsicht als auch die dafür ursächlichen Begleitumstände eindrücklich vermittelt, macht viel mehr Sinn. Und ist überdies auch risikoloser, denn nicht selten neigen abgelegte Lover zu überraschend heftigen Reaktionen, wenn ihnen »ihre« Barbie-Variante plötzlich das Ende aller Zärtlichkeiten verkündet. Da wird's schon mal laut, da geht's schon mal heftig zu. Will sich das heute noch jemand ernsthaft antun? Na also.

Bedauerlicherweise werden viele Normalos, die bislang weder im Dschungelcamp einem B-Promi unter die Bluse fassen durften noch im Big-Brother-Container Tiefschürfendes aus der Schmuddelecke ihrer Hirnanhangdrüse zum Besten geben konnten, häufig von Skrupeln geplagt. Vor allem dann, wenn eine Beziehung schon mehrere Phasen bewältigt hatte, kommt einigen die spontane Beendigung womöglich ganz schön hart vor.

Im Klartext: Wenn nach dem ersten Quickie im tiefer gelegten Opel Astra bereits Namen und Telefonnummern ausgetauscht wurden, dann ist die Wahrscheinlichkeit groß, dass eine der beiden Parteien unvermittelt von echten Frühlingsgefühlen überwältigt wird. Da malt sich Tscheraldine die Zukunft mit Kevin in den rosigsten Farben aus, da träumt Mandy von einem Leben mit Pascal jenseits der Kondomerie. Und Rico, der hühnerbrüstige Plakatkleber der ewig Gestrigen, verkauft für Tschiselle sogar seine legendäre Dolly-Buster-Sammlung – inklusive des Mega-Klassikers: »Rammel härter, du Sau«.

Solche liebenden Menschen, solche fühlenden Wesen einfach mit einer SMS abzuspeisen, deren orthographische Qualität an eine ins Schwäbische übertragene Version von »Finnegans Wake« erinnert, ist einfach nicht okay. Das reicht nicht. Da muss mehr kommen.

Doch, ach, wie hart ist es in solchen Fällen, dem im Hoffnungsrausch Verhafteten die nackte, harte und ganze Wahrheit persönlich ins Gesicht sagen zu müssen. Nicht jeder hat den Takt und das Feingefühl, in so einfühlsamen Sätzen wie »Ich find dich echt voll kacke, Alter« und »Piss ab und flenn nicht rum« so viel aufrichtige Zuneigung mitschwingen zu lassen, dass sich der jäh Verstoßene nicht auch noch unnötigerweise in seinem Stolz gekränkt fühlen muss. Wie schwer ist es doch, einem einstmals geliebten Menschen die strikte Notwendigkeit zu vermitteln, in naher Zukunft besser getrennte Pfade zu beschreiten.

Natürlich – es gibt für viele der wackeren Angehörigen der sogenannten bildungsfernen Schichten das Nachmittagsprogramm privater Fernsehsender. Doch so mancher verbale Ausrutscher war schon so oft bei RTL II, dass die Kabelträger ihn dort für einen der Produzenten halten. Dann wird man irgendwann einfach nicht mehr vorgelassen, wenn man seine intellektuelle Ladehemmung im diskreten Ambiente eines Fernsehstudios präsentieren möchte – die lassen einen einfach nicht mehr rein, nur weil man im Bewerbungsschreiben damit prahlt, diesmal den Schäferhund der Nachbarin geschwängert zu haben. Da ist dann guter Rat teuer, da wird's dann wirklich schwierig.

Für all jene Verzweifelten gibt es jetzt einen Berufsstand, der sich mit solchen Problemen auskennt: der Schlussmacher.

Dieser beendet Beziehungen per Brief (!) oder auch im persönlichen Gespräch (!!). Nichts mit Short Message, nichts mit E-Mail oder einer »Ab-durch's-Minenfeld-du-Schlampe«-Botschaft auf Twitter – hier menschelt es noch so richtig, hier tobt die pralle Sozialromantik. Werfen wir einen Blick auf die Trennungsagentur von Bernd Dressler in Berlin, die pro Tag rund drei bis vier Anfragen reinbekommt. Da kann der Anrufer dann unter gleich vier höchst stilvollen Versionen wählen:

1. »Lass uns Freunde bleiben« für 29,95 Euro
2. »Lass mich in Ruhe«, mit Kontaktverbot, ebenfalls 29,95 Euro
3. Schriftliches Schlussmachen per Brief für 39,95 Euro
4. Persönliches Schlussmachen mit einem Gespräch vor Ort, ab 64,95 Euro

Ach ja – das hat Würde, Charme und Stil. Hier bleibt kein Raum für Zweifel, jetzt kann man sich endlich sicher sein, dem Expartner zum Abschied noch einmal etwas Gutes getan zu haben. Schließlich wurden für die Pakete eins oder zwei schon mal dreißig Eumel lockergemacht, sodass niemand behaupten kann, man habe sich nicht genügend engagiert. Es soll sogar Leute geben, die auf diese Weise mehr in das Ende einer Beziehung gesteckt haben als zuvor in die Partnerschaft selbst.

Egal. Schwamm drüber, sauberer Schlussstrich, perfekte Trennung. Natürlich will die Agentur vor Auftragsannahme noch wissen, ob die zu entsorgende Ablegeware eventuell zur Anwendung körperlicher Gewalt im Enttäuschungsfalle neigt – dann könnte es geschehen, dass der Auftrag abgelehnt wird, denn für popelige dreißig Mücken lässt sich ein Finito-Bote nicht gern vermöbeln. Persönliche Gespräche übrigens werden ausschließlich im Treppenhaus oder vor den Wohneinheiten der Abgelegten durchgeführt, denn die Schlussmach-Agentur scheut öffentliches Aufsehen in Cafés ebenso wie die Aussicht, in fremden Wohnküchen mit unvermittelt gezückten Teppichmessern attackiert zu werden. Man weiß ja nie, wohin die Leidenschaft den Menschen treibt.

Zum Service der Agentur gehören neben dem Überbringen der taktvoll übermittelten Botschaft auch die Rückholung von Eigentum aus der Wohnung des/der Verflossenen und die Aussprache eines Kontaktverbots. Auch Begleitung zu schwierigen Gesprächen kann man sich hier bestellen – beispielsweise dann, wenn der Ex dem albanischen Drogen-händlermilieu angehört, in seiner Freizeit gerne Katzen aus-weidet und von Freunden »Schlitzer« gerufen wird. Man weiß ja nicht, ob er womöglich überreagiert.

Gefahr: *** (Lesen Sie noch einmal den letzten Absatz; spä-testens dann dürfte klar sein, dass Schlussmachen in punkto Risiko kein Honigschlecken ist.)

Langeweile: (Sie schwärmen für unvorhersehbare Reaktionen? Für pralle emotionale Momente? Für Tränen, Wut, Hass und Verbalinjurien? Werden Sie Schlussmacher – langweilig wird Ihnen nie.)

Seltenheit: *** (Viele sind es noch nicht, aber sie werden im-mer zahlreicher.)

Ekelfaktor: *** (Es gibt auch eine Art moralischen Ekel.)

Neidfaktor: * (Man muss schon ein sehr spezieller Typ sein, um jemanden um diesen Job zu beneiden.)

Mundgerucherforscher

*F*rüher Vogel fängt der Wurm« – so heißt bekanntlich eines jener sinnfreien Sprichwörter, die an der deutschen Sprache scheinbar so unauflöslich haften wie der Ball am Fuß von Bastian Schweinsteiger oder der Yeti an Reinhold Messner. Nicht umsonst eilt uns Deutschen ja auch der Ruf voraus, als echte Frühaufsteher vor allem im Morgengrauen – die Betonung liegt bei diesem Wort unserer Überzeugung nach stets auf den letzten beiden Silben – besonders produktiv zu sein. Doch diese Einschätzung ist angesichts der unsagbar dämlichen Witze des durchschnittlichen »Morning-Show-Radio-Moderators« mit Vorsicht zu genießen.

Im Klartext: Mag der notorische Frühaufsteher auch zu erstaunlichen Leistungen in der Mechanik oder beim Entfesseln von Angriffskriegen (»Seit 5:45 Uhr wird zurückgeschossen«) sein: Kreativität, Humor oder gar die Befähigung, sich mit anderen Menschen geistvoll auszutauschen, sucht man in der Sardinenbüchsenatmosphäre morgendlicher U-Bahnen zumeist vergeblich.

Diese völlige Abwesenheit intelligenten Lebens inmitten der Rushhour ist jedoch nicht das vordringlichste Problem des durchschnittlichen Lohnempfängers. Viel gravierender, weil so unausweichlich, ist ein Phänomen, das seinen Ausgangspunkt fast immer in der Vergangenheit hat: der Mundgeruch. Standen Sie in der S-Bahn schon einmal jemandem gegenüber, bei dem Sie nach dem zweiten Atemzug bereits die Zugehörigkeit zur Gattung der Zwiebelverdauer erschnuppern konnten? Hatten Sie schon mal ein Vier-Augen-Gespräch mit einem unüberriechbaren Fan von Knoblauch-Spaghetti? Erinnern Sie sich an den fauligen Odem von Lehrer Soundso, der Ihnen die an den Verwesungsgeruch von Rattenkadavern gemahnenden Schwaden des in der Pause genossenen Flachmanns ins Gesicht brüllte?

Wenn's nur der Geruch wäre, könnten wir vermutlich damit leben, doch weil der Mensch eben mit allen Sinnen leidet, macht die Kombination aus vertrauensvoller Nähe und üblem Gestank uns so sehr zu schaffen. Mundgeruch mag nicht die biblischste aller Plagen sein – zu den unausrottbarsten gehört sie offenkundig in jedem Fall.

Die Shuster Labs in Canton (Massachusetts) machen sich so gesehen um die gesamte Menschheit verdient, indem sie die Fähigkeiten von Mundspülungen oder Pfefferminzbonbons ausgiebig testen. Zu diesem Zweck beschäftigen diese braven Unternehmer Mitmenschen, die den ehrenwerten Beruf des »Geruchstesters« ausüben. Eine heikle, nicht immer appetitanregende, aber ungemein verdienstvolle Aufgabe.

Um Ihnen vor Augen zu führen, welche Opferbereitschaft diese wackeren Menschen an den Tag legen, wollen wir Ihnen den normalen Arbeitsalltag eines solchen Heroen schildern: Die Geruchstester atmen den Mundgeruch am Morgen ein, wobei die Probanden, die ihren stinkenden Atem gegen Entgelt zur Verfügung stellen, wahlweise nach Kaffee, Zigaretten, Knoblauch oder eben auch Zwiebeln riechen dürfen und sollen. Dann stufen die Tester den Geruch auf einer Skala von eins bis neun ein – wobei die Zahl neun als »vernachlässigbares Müffeln« gilt, während die Ziffer eins für die Apokalypse des Gestanks steht – die Mutter aller üblen Gerüche sozusagen.

Wenn eine dieser Testpersonen dann das entsprechende Mittel – Mundspülung, Pfefferminzbonbons, Zahnpasta oder

Ähnliches – angewendet hat, kann sich der Geruchstester entspannen: Der Proband nämlich atmet nun in ein Röhrchen auf der einen Seite einer Wand, auf der anderen Seite führt dieses in einen Becher, der mit einem dünnen Stück Stoff bedeckt ist. Und daran wird anschließend geschnuppert, um herauszufinden, wie erfolgreich das jeweils angewandte Mittel war.

Die *American Society for Testing and Materials* gibt übrigens diesbezüglich strenge Richtlinien vor. Die Testpersonen sind immer namenlos und werden nur mit einer dreistelligen Ziffer geführt. Rund zweitausend Produkte werden auf diese Weise pro Jahr getestet.

Gefahr: ** (Gefahr ist natürlich ein sehr subjektiver Begriff, aber angeblich kommt es bei Menschen ja vor, dass sie bestimmte Gerüche nie mehr ganz aus der Nase bekommen. Diesem Risiko ist ein Geruchstester Tag für Tag ausgesetzt.)

Langeweile: **** (Schnüffeln, schütteln, wieder schnüffeln – Dramen gehen anders.)

Seltenheit: *** (Bisher gibt es von diesen Helden des Alltags nur eine kleine Schar, aber wir hoffen auf Besserung.)

Ekelfaktor: ***** (Äh, bäh und Pfui.)

Neidfaktor: (Könnte sein, dass der Dixiklo-Fahrer einen beneidet. Könnte sein. Muss nicht.)

Kapitel 5

Die langweiligsten Jobs

Arbeitest du noch oder schläfst du schon? Kaum zu glauben, dass es Menschen gibt, die als Sockenwender an Strickmaschinen arbeiten, Küken nach Geschlecht sortieren oder Etiketten auf Äpfel kleben. Und wenn sie nicht eingeschlafen sind, so arbeiten sie noch heute ...

Sockenwender

Nicht jeder Beruf, der selten ist, für den sich Menschen womöglich schämen oder der ein bisschen anrüchig wirkt, muss als solcher auch in den jeweiligen Arbeitspapieren des Ausübenden auftauchen. Der Dixiklo-Fahrer beispielsweise wird wohl stets als Lkw-Fahrer firmieren, die Pornodarstellerin unter dem Siegel »Künstlerin« oder auch »Schauspielerin« arbeiten, und der Vogelvertreiber am Flughafen wird bekanntlich ohnehin als »Biomanager« geführt.

Der nun vorgestellte Beruf jedoch entzieht sich eigentlich jeder Möglichkeit der Umschreibung. Die Rede ist von jenen Menschen – und es sind nicht wenige –, die in Fabriken arbeiten, in denen Socken hergestellt werden. Heutzutage ist es ja längst nicht mehr so, dass Socken in liebevoller Handarbeit von alten Mütterchen im Schatten des Kachelofens gestrickt werden. Die alten Mütterchen wurden aber nicht etwa von eifrigen Taiwanerinnen abgelöst, sondern von gigantischen Strickmaschinen, die pro Stunde mehrere tausend Exemplare herstellen können. Aus diesen Maschinen jedoch kommen die Wollröhren richtig herum heraus und müssen dann auf links gedreht und an den Zehen zugenäht werden. Das mit dem Nähen wird wieder von Maschinen erledigt, doch bislang konnte noch kein High-Tech-Produkt entwickelt werden, das das Wenden der Socken hätte übernehmen können.

Im Klartext: Fürs Sockenwenden müssen Menschen ran, die Tag für Tag, Woche für Woche und Monat für Monat nichts anderes zu tun haben, als Wollröhren auf links zu drehen und fertige Socken dann wieder andersherum zu wenden. Und damit kommen wir wieder zum Einstieg in diesen Text: Was, um Gottes willen, könnte als Berufsbezeichnung in den Papieren dieser Arbeitnehmer stehen?

Wie viel ein Sockenwender letztlich verdient, konnten wir nicht ermitteln, wohl aber, nach welchem Maßstab er bezahlt wird. Entlohnt wird er oder sie nach der Anzahl der gewendeten Socken, wobei uns glaubhaft versichert wurde, dass Spitzenkräfte unter den Sockenwendern auf gut und gerne zweitausendfünfhundert pro Stunde kommen. Das wären dann etwa einundvierzig Socken pro Minute. Respekt.

Gefahr: (Man könnte an Langeweile sterben, aber das trifft auf viele Fließbandjobs zu.)

Langeweile: ***** (Egal, wie man es dreht und wendet: Langweiliger geht's nimmer.)

Seltenheit: ** (In Taiwan, China, Vietnam und Indien ist der Job häufiger, als man meinen könnte.)

Ekelfaktor: (Überdruss ja, Ekel nein.)

Neidfaktor: (Um was könnte ein Sockenwender beneidet werden? Uns fällt nichts ein.)

Sexer

Na? Haben Sie angesichts der Überschrift auch James Brown im Ohr? Sex machine? Yeah. Wahnsinns-Mucke. Welcher Mann wünscht sich nicht, dass die Ladys in den Umkleidekabinen nach der »Spinning«-Einheit mit heiserem Flüstern von diesem »unglaublich scharfen Typen« berichten, der eben – aufgemerkt – ein echt heißer »Sexer« ist. Und wenn wir den Faden dieses Gedankens weiterspinnen, sehen wir vor unserem geistigen Auge die in einen hautengen Latex-Anzug quasi eingenähte und deshalb unschwer als »kurvenreich« zu deklarierende Miss Rangierbahnhof, wie sie nach dem Tai-Chi-Training mit Meister Jo-Chen ihren Luxuskörper wollüstig räkelt. Jo-Chen heißt im bürgerlichen Leben natürlich Jochen und arbeitet als Schaufensterdekorateur für eine Drogeriemarktkette. Aber das macht nichts – trotzdem wird die Freundin – nennen wir sie Gaby, das scharfe Luder aus der Pommes-Bude – atemlos lauschen, wenn Miss Rangierbahnhof vom »Sexer« erzählt. Nur dieser »Sexer« (wenn Sie ein Mann sind, setzen Sie doch einfach mal Ihren Vornamen ein. Sie werden es nicht bereuen!) wisse um ihre geheimsten Sehnsüchte, nur der »Sexer« könne ihre Triebe befriedigen und ihre wilde, animalische Gier stillen, sei Labsal für Körper und Seele, sei der Inbegriff der Männlichkeit. »Ooooh, Sexer«, so seufzt die Kurvige, und ihren vollen roten Lippen entringt sich unvermittelt ein Stöhnen lustvoller Erinnerung. »Wo bist du jetzt? Komm in meine Arme, wärme mich mit deiner Glut.«

Nun mögen Sie einwenden, das klänge doch wohl ein bisschen kitschig, und kaum ein Mann glaube heutzutage noch an die Mär vom ewig willigen Weibchen, das sich von einer Macho-Mixtur aus Mad Max, Mario, dem munteren Mailänder, und Matthäus (Lothar, Anm. der Red.) zum sabbernden Lustobjekt degradieren ließe. »Und überhaupt«, mögen Sie sagen, »noch nie« hätten Sie bisher vom »Sexer« gehört – welche Sorte scharfer Hengst laufe denn, bitte schön, mit so einem abgefahrenen Rufnamen herum? Callboy? Playboy? Cowboy?

Weit gefehlt, doch wenn Sie von Anfang an vermutet haben, dass der Name weit mehr hermacht, als die schnöde Wirklichkeit am Ende hergibt, dann liegen Sie völlig richtig. Ein Sexer nämlich hat in aller Regel vergleichsweise wenig Spaß bei seinem Job. Es gibt de facto bei der Ausübung seiner Pflichten weit und breit keine scharfen Bräute, die sich ihm wie ein lauwarmer Waschlappen hemmungs- und willenlos zu Füßen werfen. Und auch unter seinesgleichen kann der Sexer weder mit seiner Bezeichnung noch mit seiner Tätigkeit ernsthaft prahlen. Seine Aufgabe nämlich ist nicht die Befriedigung geschlechtlicher Triebe bei weiblichen Exemplaren der Spezies Mensch, sondern die Feststellung der jeweiligen Geschlechtlichkeit bei der Gattung Huhn. Oder – anders ausgedrückt: Der Sexer hat die durchaus ehrenvolle, wenngleich nicht unbedingt Legenden bildende Aufgabe, bei soeben geschlüpften Hühnerküken das Geschlecht festzustellen.

Wie? Und warum? Bitte schön: Nachdem Küken aus ihren Eiern geschlüpft sind, werden sie nach Geschlecht getrennt, denn die Nutztierchen haben schließlich gänzlich unterschiedliche Jobs und landen daher auch in unterschiedlichen Fütterungsprogrammen. Die weiblichen Küken wachsen zu Hennen heran und haben folgerichtig die Aufgabe, Eier zu legen – entweder um Frühstückseier zu produzieren oder um für neuen Hühnernachwuchs zu sorgen. Das mag sexistisch klingen und ist streng genommen nicht besonders fair, aber im Zeitalter der Nutztierhaltung wird die Emanzipation der Legehennen notgedrungen weiter auf sich warten lassen. Die männlichen Küken werden entweder gleich um die Ecke gebracht – das dürfte selbst für Alice Schwarzer ein adäquater Ausgleich im Geschlechterkampf sein –, oder sie werden gemästet, um als Brathähnchen in den Kochtöpfen, Woks und auf den Grills dieser Welt zu landen. Und jene Menschen, die die Küken gleich nach ihrer Geburt nach Geschlechtern aufteilen, nennt man »Sexer« – ihre Tätigkeit wird folgerichtig als »sexen« bezeichnet.

Na, meine Herren – enttäuscht? Das tut uns leid. Sollten Sie allerdings ernsthaft darauf gesetzt haben, eine Betätigung als Sexer könne Ihren schwappenden Hormonspiegel endlich in ruhigere Bahnen bringen und eine Karrierechance darstellen, die Sie einem Dasein als Richard Gere ein Stückchen näher bringt, dann war Ihnen von Anfang an nicht zu helfen. Sollte Ihre Enttäuschung tatsächlich so groß sein, dann raten wir Ihnen von der Lektüre der folgenden Absätze ab, denn nun folgt die Beschreibung der notwendigen Routine beim – Achtung! – Sexen. Dieses nämlich erfolgt nach wie vor ausschließlich per Hand, und zwar direkt nach dem Schlüpfen. Dabei wird zwischen zwei Methoden unterschieden: dem Kloakensexen (wir können doch auch nix dafür!) und dem Federsexen. Beim Kloakensexen wird durch leichten Druck auf die Kloake festgestellt, ob das Küken einen Penis besitzt oder nicht. Dazu ist, wie Sie sich sicherlich vorstellen können, sehr viel Fingerfertigkeit und ein Höchstmaß an Konzentration erforderlich. Etwas erleichtert wird die Angelegenheit immerhin dadurch, dass frisch geschlüpfte Küken in der Regel nicht zu panikartigen Darmentleerungen neigen.

Ein erfahrener Sexer kann auf diese Weise rund zweitausend Küken pro Stunde sexen. Die Fehlerquote beträgt dabei rund zwei Prozent, was möglicherweise dazu führen könnte, dass irgendwo in einer Legehennenbatterie im Westerwald eines Tages eine vermeintliche Henne zur anderen durch die Gitterstäbe raunt: »Ich glaub, ich stecke im falschen Körper fest.«

Diese Art des Sexens funktioniert nicht nur bei Hühnern, sondern auch bei anderem Geflügel. Die Methode des Federsexens dagegen ist ausschließlich bei Hühnern möglich. Grundlage dafür ist die Tatsache, dass ein eingekreuztes Gen das Wachstum einer Flügelfeder beim männlichen Küken hemmt. Diese Methode ist einfacher als das Kloakensexen und daher auch billiger, weil die Sexer nicht so gut ausgebildet sein müssen. Einfach gucken, ob die betreffende Feder kürzer geraten ist als üblich, und schon können wir das kleine gelbe Wuschelding den Hähnen zuordnen. Für all jene Hühnerfarmen, bei denen Gentechnik prinzipiell abgelehnt wird, wird es weiterhin heißen: »Sexer, ran an die Kloaken!«

Gefahr: (Solange Sie nicht an Kilroy, das Killerküken, geraten, kann Ihnen als Sexer nichts passieren.)

Langeweile: ***** (Für Kükenkloaken gilt wohl der Satz: Hat man eine befühlt, kennt man sie alle.)

Seltenheit: *** (Trotz der megageilen Berufsbezeichnung ist es nicht einfach, für diesen Job Nachwuchs zu rekrutieren ...)

Ekelfaktor: ** (Küken sind zwar goldig, doch Freundschaften wird der eilige Sexer nicht schließen können. Und Kloaken? Sind eher eklig, aber man gewöhnt sich wahrscheinlich dran.)

Neidfaktor: * (Der Name allein reißt es einfach nicht raus.)

Farbtrockenzeitüberprüfer

Was für eine Bezeichnung, was für ein Beruf! Unglaublich, oder? Wir schenken uns in diesem Falle langwierige Einführungen und abstraktes Umschreiben jener Tätigkeit, die sprichwörtlich für die allumfassende, absolute, vollständige und totale Langeweile steht. Was sollen wir auch drumherumreden: Ein Farbtrockenzeitüberprüfer ist ein Farbtrockenzeitüberprüfer ist ein Farbtrockenzeitüberprüfer. Nicht mehr und nicht weniger. Jene legendäre Redewendung, eine Sache sei so langweilig, dass man genauso gut der Farbe beim Trocknen zusehen könne, hat also einen realen Hintergrund.

Tatsächlich überprüft der Farbtrockenzeitüberprüfer die Zeit, die Farbe benötigt, um trocken zu werden, nicht allein durch puren Augenschein, sondern er wird auch manuell tätig. Ein Mann namens Keith Jackson aus Wales berichtete der britischen Tageszeitung *Daily Mail* von seinem Job und erzählte, das Unternehmen, das ihn angestellt habe, produziere in erster Linie Industriefarben. Für Kunden sei es oft extrem wichtig, dass schnell trocknende Farbe verwendet werde, denn häufig – besonders auf Baustellen – gehe es um die Einhaltung von Terminen. Bei der Generalüberholung der Londoner U-Bahn-Stationen beispielsweise werden tausende Liter Farbe verwendet, wobei die Streicharbeiten in der Regel erst beginnen sollen, wenn sich nur noch ganz wenige Menschen in den Stationen aufhalten, und möglichst beendet sein sollen, bevor der Berufsverkehr beginnt. Das bedeutet, das Zeitfenster für die Arbeiten und das Trocknen der

Farbe beträgt gerade mal drei Stunden zwischen zwei und fünf Uhr morgens. In diesen Momenten ist der Job von Keith Jackson auch gar nicht so langweilig, denn da die jeweiligen Grundflächen häufig noch mit Worten oder Zahlenkombinationen überschrieben werden müssen, checkt er permanent den Trocknungsgrad der soeben verwendeten Farbe. Es obliegt dann ihm, zu beurteilen, ob auf dieser roten, grünen oder blauen Fläche schon wieder geschrieben werden kann oder eben nicht – in diesen Momenten wird Keith zum Derwisch der Colorierung.

Bedauerlicherweise wird die U-Bahn jedoch längst nicht jeden Tag gestrichen, und so versuchen unser wackerer Waliser und seine über alle Industrienationen verstreuten Kollegen, die Zeit zwischen den Mega-Aufträgen irgendwie zu überbrücken. Sie starren Wände in großen Maschinenhallen an, inspizieren die Auffrischungen in Fußgängerunterführungen und checken den Trocknungsgrad der Graffiti-Übermalungen in öffentlichen Toilettenanlagen. Ihre Arbeitsgeräte sind ihre Augen, Nase und Finger, denn im Zweifelsfall hilft leichtes Auflegen der Fingerspitzen dem erfahrenen Farbtrockenzeitüberprüfer bei der Entscheidungsfindung.

Keith und Konsorten sind jedoch nicht nur auf Baustellen vertreten, sondern sie spielen auch bei der Farbentwicklung ihrer Unternehmen eine entscheidende Rolle. Da es noch immer keine Maschine gibt, die clever genug ist, um den Trocknungsgrad einer Farbe sensibel festlegen zu können, wird auch hierfür wieder Keith gerufen. Seine Methode offenbart uns einmal mehr die stupende Überlegenheit des menschlichen Geistes: Er streicht die Farben auf ein Stück Karton, schnappt sich dann eine Stoppuhr und ermittelt mit dieser, wie lange es dauert, bis die Farbe vollständig trocken ist. Wahnsinn, oder? Wo ist der Nobelpreis, wenn man ihn braucht?

Gefahr: (Farbenrausch? Nee – ehrlich, da fällt uns nichts ein.)

Langeweile: ***** (Der Job ist tatsächlich von derart sprich-
wörtlicher Ödnis, dass sich eine Wertung fast verbietet.)

Seltenheit: ** (Den Job gibt's häufiger, als man denkt; so
richtig weit verbreitet ist er allerdings nicht.)

Ekelfaktor: (Solange man keine Farballergie entwickelt, gibt's
hier nichts, wovor man sich ekeln müsste.)

Neidfaktor: *** (Es gibt Menschen, die suchen ihr ganzes Leben lang nach einem wirklich ruhigen Job, in dem sie zwar
eine gewisse Verantwortung tragen, aber weder hart arbeiten müssen noch Stress haben oder sich gar auf unterschiedliche Anforderungen einzustellen haben ... Voilà.)

Vogelzähler

*A*msel, Drossel, Fink und Star« – glaubt man dem bekannten Kinderlied, sind schon alle Vöglein da. Doch wer alten Kinderliedern glaubt, ist wahrscheinlich auch der Meinung, die Renten seien sicher, Walfang diene Forschungszwecken und Herbert Grönemeyer könne singen. Nein, die Wahrheit ist, dass es Amseln, Drosseln, Finken und Stare längst nicht mehr in jener Fülle gibt, die man einst besang. Diejenigen, die bislang keiner Ölpest, keinem Chemieunfall und keiner Flugzeugturbine zum Opfer gefallen sind, haben »dank« unserer höchst freimütigen Art, mit Abgasen umzugehen, zum Teil derart akute Atembeschwerden, dass sie nicht selten beschließen, ihrem irdischen Dasein ein Ende zu setzen. Langer Rede kurzer Sinn: Es gibt immer weniger Vögel, und Ornithologen behaupten gar, jedes Jahr fielen rund fünfzig Vogelarten weltweit der Umweltverschmutzung und der Verringerung ihres Lebensraums zum Opfer.

Tja, Pech gehabt. Hättet uns halt nicht so viel aufs Hirn scheißen dürfen. Und das ewige Gesinge in den frühen Morgenstunden: kaum auszuhalten. Jenseits aller Toleranzgrenzen auch der Umgang mit unseren Kirschbäumen. Kaum prangt es rot an den Ästen, kommen regelmäßig die gierigen Flügelschwinger und fressen hemmungslos die Früchte weg. Sauerei!

Sie merken schon – außer einigen Taubenzüchtern und versponnenen Wissenschaftlern hat heutzutage kaum noch jemand ein uneingeschränkt positives Verhältnis zu den

Nachkommen des Archäopteryx. Dennoch gibt es Menschen, die verdienen sich ihr täglich Brot dadurch, dass sie intensiv Ausschau halten, ob sich irgendwo in der Umgebung ein Vögelchen niederlässt. Nein, nicht was Sie jetzt denken. Wir sprechen nicht von mit Feinschrotgewehren bewaffneten Jägern in Nord-Italien, die eifrig gen Himmel ballern, sobald der erste nichtsahnende Schwarm von Zugvögeln gegen die lombardische Auffassung vom Asylrecht verstößt. Nein, diejenigen, die wir meinen, dürfen nur gucken. Nicht schießen, nicht anfassen, nicht essen – *nur* gucken.

Nun mögen diejenigen unter Ihnen, die sich abends am Stammtisch die Zeit gerne mit dem Erzählen von Herrenwitzen vertreiben, glucksend einwenden, es sei natürlich nett, anderen beim Vögeln zuzusehen, doch Vögeln zuzugucken, wie sie ein Nest beklettern oder flügelschlagend durch Baumwipfel rudern, sei längst nicht so anregend und schon allein deshalb sinnlos. Weit gefehlt. Wie vorhin bereits angedeutet, gibt es nämlich eine ganze Reihe von Wissenschaftlern – vornehmlich auf dem weiten Feld der Biologie –, die sich gerne und ausführlich mit Spatzen, Tauben, Amseln oder Rabenvögeln aller Art beschäftigen. Deren verdienstvolle Aufgabe – sei es die Verhaltensforschung, seien es genetische Studien oder lassen Sie es den Kampf gegen die Ausbreitung der Vogelgrippe sein – wird durch den zunehmenden Mangel an Vögeln nicht unbedingt erleichtert. Vordringlich ist es deshalb also zunächst einmal, festzustellen, wo sich denn noch welche Vogelarten heimisch fühlen oder zumindest ab und zu aufhalten.

Das allerdings ist gar nicht so leicht zu ermitteln. Man kann ja schlecht wochenlang durch Felder, Fluren und Auen streifen, um mittels Fernglas und der profunden Kenntnis verschiedener Drosseldialekte herauszufinden, wo die possierlichen Wurmpicker ihre Wohn- und Schlafzimmer aufgeschlagen haben. Zumal die Viecher auch noch dreist genug sind, immer dann ihre Schnäbel zu halten, wenn unter ihnen mit dem zartfühlenden Tippelschritt eines gereizten Nashorns eine Forscherarmada vorbeimarschiert. Nein, nein – Gevatter Zufall und Onkel Spürsinn haben vergleichsweise wenig Aussicht auf Erfolg, wenn es darum geht, herauszufinden, welche Vogelart noch nicht das Zeitliche gesegnet hat.

Um echte Erkenntnisse zu gewinnen, geht der Vogelzähler – so lautet die Berufsbezeichnung – in Einrichtungen, wie man sie einst für Amerikas Ureinwohner schuf. Damals nannte man die unwirtlichen Landstriche »Reservate« und bezeichnete sie gerne als »großzügig gewährte Schutzräume«. Ähnliches stellen wir nun auch den noch lebenden Vögeln zur Verfügung, wenn sie aus nur schwer nachvollziehbaren Gründen schon wieder kein Interesse daran zeigen, ihren Nestbau auf dem Mittelstreifen der achtspurigen Autobahn zu erledigen. »Vogelschutzgebiet« heißt jenes Zauberwort für einen begrenzten Raum, in dem nicht einmal ganz kleine Atomkraftwerke errichtet werden dürfen und die nur in Ausnahmefällen für militärische Manöver mit panzerbrechender Munition herangezogen werden. In diesen teilweise dicht bewaldeten, teilweise sumpfigen oder herrlich grünen Randgebieten unserer Wahrnehmung sollen Vögel in aller Ruhe brüten, flattern, picken und schlafen können – all das, was Vögel eben so tun. Genau in diesen raren Regionen, so lehrt uns der vollbärtige Naturschützer, zwitschert es noch aus allen Wipfeln – hier finden sich ganze Kolonien brütender Finken und Legionen insektenvernichtender Drosseln.

Und genau hier nimmt auch der professionelle Vogelzähler seine Arbeit in Angriff. Er sitzt, möglichst bewegungslos und gerne auch in khakifarbener Tarnkleidung, auf irgendeinem Hochstand oder auch in einer Astgabel und wartet. Wenn dann eine Amsel auftaucht, dann macht er ein Kreuzchen hinter das Feld »Amsel«, und wenn ein Fink auftaucht ... Ist klar jetzt, oder?

Natürlich besteht dabei die Gefahr, dass der Vogelzähler ein und dieselbe Amsel ein paar Mal zählt. Er sollte also ein gutes Auge haben, um auch kleinere Unterschiede zu erkennen, denn in erster Linie ist es seine Aufgabe, über den Populationsstand des jeweiligen Schutzgebietes Erkenntnisse zu gewinnen. Seine Auftraggeber wollen einfach wissen, wie viele Arten von Vögeln es im entsprechenden Areal gibt und wie viele Tiere es im Einzelnen sind. Wenn es darum geht, nur das Auftreten einer bestimmten Gattung zu dokumentieren, dann ist dies für den Vogelzähler meist ungefähr so spannend wie ein Interview von Johannes B. Kerner mit Carolin Reiber: Man sitzt stundenlang daneben, und es passiert rein gar nichts. Und selbst wenn man verschiedene Vögel registrieren darf und genügend ornithologische Vorkenntnisse mitbringt, sodass man Rufus den Mäusebussard mühelos von Axel dem Adler unterscheiden kann, ist der Unterhaltungsfaktor in diesem Job auch nicht höher als im Konferenzraum der Jungen Liberalen.

Auch unter dem Wetter leidet der Wohlfühlaspekt in diesem Beruf, denn entweder schwitzt man sich einen Wolf, friert wie ein Okapi auf Grönland oder wird mit nassem Landregen derart eingedeckt, dass man rund um Worpswede optisch glatt als Schilfgraseindeckungsteil eines der üblichen Künstlerhäuser durchgehen würde. Zu allem Überfluss ist der Job auch noch höchst mäßig bezahlt, denn die witterungserschwerte Ödnis wird im Schnitt gerade mal mit fünf Euro pro Stunde entlohnt.

Gefahr: * (Falls Sie nicht so klein sind, dass sie mit einer Maus verwechselt werden können, und falls die von Ihnen beobachteten Vögel niemals Hitchcock gesehen haben, sind Ihre Risiken sehr überschaubar. Nun gut – Sie könnten vom Baum fallen ...)

Langeweile: **** (Mit der Zeit wird's unendlich öde ... und kommen Sie uns jetzt bloß nicht mit »frischer Luft«, »am Busen der Natur« oder ähnlichem Wortmüll.)

Seltenheit: ** (Vogelschutzorganisationen, Ornithologen oder auch die Aufseher von Vogelschutzgebieten haben diesen Job zuweilen zu vergeben. Allerdings nicht allzu häufig.)

Ekelfaktor: * (Könnte sein, dass der Vogelzähler es schafft, sich so unauffällig zu verhalten, dass Bruder Drossel keine Scheu hat, sich exakt über ihm zu entleeren. *Das* ist dann nicht sehr schön ...)

Neidfaktor: ** (Frischluftfanatiker und Grzimek-Jünger fallen uns ein – sonst niemand, der einen Vogelzähler beneiden würde.)

Pizzawender

Das Leben eines durchschnittlichen Amerikaners ist heutzutage viel komplizierter, als wir uns das gemeinhin vorstellen. Dem Pionier in den seligen Zeiten der Landnahme genügte es, in einem vollgepackten Planwagen gen Westen zu fahren, zum Mittagsgebet anzuhalten, ein paar Bisons und dann noch schnell ein paar Indianer niederzumachen, einige Nuggets zu finden und riesige Städte in Erdbebengebieten zu errichten. Später kam das Tragen von Blumen im Haar und das Absingen lustiger Lieder hinzu. Der heutige Bewohner der Vereinigten Staaten hingegen hat praktisch ununterbrochen – und ohne Aussicht, je aus dieser Tretmühle entlassen zu werden – die verdammte Pflicht und Schuldigkeit, zu konsumieren. Nur damit lässt sich der amerikanische Traum langfristig am Leben erhalten, nur der Konsum sorgt dafür, dass die angeblich stärkste Volkswirtschaft der Welt nicht ganz und gar in die Hände ewig lächelnder asiatischer Konkurrenten fällt.

Um aber richtig und konsequent konsumieren zu können, müssen bestimmte Grundvoraussetzungen gegeben sein: Erstens: Der Amerikaner darf durch eigenständiges Denken nicht zu sehr abgelenkt werden. Dafür wurden das 178-Kanäle-Fernsehen, Oprah Winfrey und eine Sportart namens Baseball erfunden, deren Regeln so sinnvoll sind wie der Versuch einer Besteigung der Eiger-Nordwand bei Dauerregen. Zweitens: Der Amerikaner braucht Nahrung, die ihn dazu animiert, immer mehr Nahrung zu konsumieren, ohne dass er dadurch vom weiteren Konsum anderer Dinge entscheidend abgelenkt wird. Dafür wurden Fast-Food-Ketten erfunden, die es gleich dem großen Houdini verstehen, aus Nichts eine ganze Fülle von Nichts erstehen zu lassen. Ihre Produkte haben in aller Regel den Nährwert von Stickstoff und schmecken auch ganz ähnlich. Und weil es zu verhindern galt, dass der konsumierende Mensch sich zwischen seinem Nine-to-Five-Job, dem Besuch der Fresstempel und der Baseballspiele sowie vor oder nach dem täglichen Acht-Stunden-Marathon am TV-Gerät doch noch einmal aus dem Haus schleicht, um sich dieser magersüchtigen Terroreinheit namens »Jogger« anzuschließen, erfand ein genialer Wegelagerer der Futtermittelindustrie die Tiefkühlpizza. Ein Durchbruch in der kulinarischen Geschichte der westlichen Welt, denn außer Baseball – ein US-amerikanisches Alleinstellungsmerkmal – haben sich all die anderen erwähnten Spielarten des *American Way of Life* längst ihren Weg auf den alten Kontinent gebahnt.

Nicht, dass wir uns falsch verstehen: Pizza gab es schon vor Dr. Oetker, doch wurde sie seinerzeit noch von dunkelgelockten Luigis und schwitzenden Salvatores in steinernen Öfen gebacken, mit allerlei Küchenresten beworfen und anschließend noch dampfend dem Sechzigerjahre-Gast serviert. Der verwechselte die Pizzeria in der Bielefelder Bahnhofsmeile mit einer neapolitanischen Trattoria. Auf jeden Fall war das Ding so taufrisch wie der junge Morgen und hatte außer jeder Menge Kalorien auch noch Nebenwirkungen wie »Geschmack« und sogar »Sättigungsgefühl«.

Dies alles muss der heutige Pizza-Konsument in aller Regel nicht mehr befürchten. Natürlich existieren im Oberpfälzer Hinterland und in einigen Ausläufern der Eifel noch Gastlichkeiten, in denen ein glutäugiger Antonio der dritten Generation die Fladen in der väterlichen Backstube per Hand ausrollt. Und Sylvia, seine dralle, blonde Gattin, geht ihm zur

Hand. Da schmeckt die »Neapolitana« noch nach Neapel und die Pizza Rosalia noch nach ... ach, Sie wissen schon, was wir meinen.

Antonio und Sylvia jedoch sind die Ausnahme – zumeist werden Pizzas heute maschinell produziert und anschließend schockgefrostet, sodass sie vom Konsumenten im handlichen Zehner-Vorratspack erworben und in der heimischen Tiefkühltruhe zwischengelagert werden können. Optisch so ansprechend wie ein früher Andy Warhol und geschmacklich von der Verpackung kaum zu unterscheiden.

Und genau hier liegt der Hase im Pfeffer: bei der Verpackung! Tiefgefrorene Pizzas müssen nämlich in Kartons verpackt werden, bevor sie in der Tiefkühltruhe des Supermarkts landen. Auf dem Fließband der meisten Produzenten kommen sie richtig herum, also mit dem Belag nach oben, aus jener finsteren Vorhölle, in der sie mit dem jeweiligen Zutaten-Surrogat versehen wurden. Um jedoch in die Kartons gepackt zu werden, muss der Belag nach unten zeigen, weil die Verpackung so wesentlich einfacher zu handhaben ist. Und weil in unserer hocheffizienten Arbeitswelt ein Ablaufoptimierer – die bebrillte Version einer Zwangsneurose – festgestellt hat, dass das Wenden der Pizzas und das Verpacken derselben in die Kartons zeitsparender funktioniert, wenn es von zwei Menschen in zwei unterschiedlichen Arbeitsschritten erledigt wird, wendet einer und der andere verpackt.

Super, oder? Doch während der Pizza-Verpacker sich nicht unbedingt als solcher auch zu erkennen geben muss (»Mein Job? Ich bin Packer!«), bleibt dem Pizzawender kaum eine rhetorische Fluchtmöglichkeit. Oder würden Sie vielleicht auf eine Nachfrage verzichten, wenn Ihr Gegenüber seine Arbeit mit den Worten »Äääh – ich drehe so Sachen um« beschreibt?

Übrigens: Die Arbeit ist nicht nur immens stupide und kann es in punkto Langeweile sogar mit der legendären 697.

Folge der *Lindenstraße* aufnehmen, sondern auch noch richtig krass belastend für das Immunsystem. Am Fließband nämlich ist es eisig kalt, damit die kostbaren Rundlinge nicht am Ende der Produktion doch noch auftauen. Ödnis bei Minusgraden – ein Job für Menschen, die wirklich keine Illusionen mehr haben.

Gefahr: * (Das Schnupfenrisiko ist hoch, doch weil die Pizzas eingeschweißt sind, muss der Wender wenigstens keine Angst haben, dauerhaft seinen Geschmackssinn für richtige Nahrung zu verlieren ...)

Langeweile: ***** (Langeweile? Okay – stellen Sie sich doch bitte einfach mal die Handbewegung vor, mit der Sie eine tiefgekühlte Pizza wenden. Und nun machen Sie das tausend Mal. Abgesehen von der Sehnenscheidenentzündung ... fühlten Sie sich gut unterhalten? Nein? Noch Fragen?)

Seltenheit: *** (Es gibt weltweit ein paar Hundert von Ihnen, aber weil kaum ein Pizzawender zugibt, ein Pizzawender zu sein, umweht den Job eine Aura der Exklusivität.)

Ekelfaktor: * (Erinnert ein bisschen an das Saubermachen in der Luftschleuse von Raumschiff Enterprise. Solange keiner seinen Helm im Vakuum öffnet und auch niemand die Kühlung am Pizza-Fließband abschaltet, gibt's keinen Grund, sich zu ekeln.)

Neidfaktor: (»Hey, ich bin Pizzawender.« – »Oje. Willst du drüber reden?«)

Apfel-Etikettenaufkleber

Sie sind rund und gerne rötlich, haben zuweilen einen Stich ins Grünliche oder gar in Richtung Maden-Gelb und sind angeblich gesundheitsfördernd. Nein, die Rede ist nicht von den Jacob Sisters auf einer Mittelmeerkreuzfahrt, wir sprechen von Äpfeln.

Das normale Kind in unserer westlich orientierten Wertegesellschaft steht dem Apfel per se ja eher misstrauisch gegenüber. Zum einen hat das runde Ding eine Schale, und spätestens nachdem Mama erstmals verboten hat, die Verpackung vom leckeren Flutschfinger – einer Eis-Spezialität, die weit weniger obszön aussieht, als sie sich anhört – einfach mitzuessen, hat der goldige Nachwuchs eine Aversion gegen Hüllen, Schalen und anderes unnützes Drumherum.

Zum anderen besitzt ein Apfel, hat man sich erst einmal überwunden, kräftig hineinzubeißen, auch noch die unangenehme Eigenschaft, sich nicht stante pede im Munde aufzulösen wie andere kindgerechte Nahrung. Muss man für Fischstäbchen etwa die Zähne benutzen? Für Ü-Eier? Für in Ketchup ertränkte Spaghetti? Für labberige Pommes frites? Eben – und deshalb ist es einem durchschnittlichen Kind auch nicht so ohne Weiteres zuzumuten, sich ohne Not einen Muskelkater im Kieferbereich anzutun. Denn schließlich – und das wäre unser dritter Aspekt – schmecken die meisten Äpfel unnatürlich natürlich: ein Zungen-Trauma, das bestenfalls noch von der ersten Begegnung mit wildem Schnittlauch getoppt werden könnte.

Zugegeben, die meisten Äpfel, die sich heute in der Obst-abteilung der Lebensmittelgroßhandlungen finden, weisen schon in der Schale mehr Chemie auf als ein durchschnitt-liches Kosmetik-Labor. Doch selbst der manische Kampf ge-gen Schädlinge aller Art vermag nur selten zu verhindern, dass der Apfelgeschmack als solcher erhalten bleibt. Ein Ap-fel hat eben die unangenehme Eigenschaft, in fast allen Fäl-len wie ein Apfel zu schmecken, und während man mittler-weile Biersorten erfunden hat, die irgendwo zwischen Hefe und Hartwurst changieren – oder auch Käsesorten mit Pa-paya-Geschmack –, hat sich bislang noch niemand an den Apfel gewagt. Warum eigentlich nicht?

Nun, die Antwort dürfte in der tiefen menschlichen Sehn-sucht nach nostalgischer Erfüllung begründet liegen. Äpfel hat es irgendwo und irgendwie anscheinend schon immer gegeben – Sorten mit so malerischen Namen wie Boskoop, Granny Smith, Golden Delicious, Jonagold oder auch Öhrin-ger Blutstreifling (!) durchzogen die Geschichte der Mensch-heitsernährung. Äpfel, egal wie eklig wir sie womöglich selbst einst fanden und wie oft wir selbst den Dr.-Best-Test für gesundes Zahnfleisch erleiden mussten, gehören zum Le-ben wie der erste Ritt auf Mamas Staubsauger oder der erste Marlboro-Mann-Selbstversuch mit anschließender Kotzga-rantie. Hinzu kam und kommt selbstverständlich das gebets-mühlenartig wiederholte Credo, dass Äpfel »soo gesund« seien – eine vor allem in Müttergenesungswerken oder auf Elternabenden notorisch vertretene Doktrin, die sich als gruppendynamische Erfahrung ihren unaufhaltsamen Tram-pelpfad durch die Erziehungsratgeber aller Epochen bahnt.

Allerdings, und dies wurde soeben bereits angedeutet, ist Apfel nicht gleich Apfel. Es gab und gibt die unterschied-lichsten Züchtungen, die sich nach Form, Farbe und Konsis-tenz durchaus voneinander unterscheiden. Gelb, grün oder rot, diverse Schattierungen und eine haptische Beschaffenheit, die alle Nuancen zwischen Kanonenkugel und Mehlspeise kennt: Äpfel gibt es in derart verwirrender Fülle, dass der Kunde zunächst einmal ratlos ist ob des mannigfaltigen Angebots.

Um Ordnung in dieses blanke Chaos zu bringen, ersann eines Tages ein mehr oder weniger kluger Kopf in unseren Breiten die Etikettierungspflicht. Seitdem muss der Name der Apfelsorte auf jeder Frucht erkennbar sein, sofern diese nicht im jeweiligen Markt säuberlich getrennt von verfeindeten Arten zur Begutachtung ausliegt. Da aber Äpfel mal kilo-, mal portionsweise und zuweilen sogar einzeln gekauft werden, genügt es eben nicht, einfach nur Kartons oder Tüten mit dem entsprechenden Schriftzug zu versehen – nein, auf jeden Apfel gehört der Namenszug.

Verschiedene Versuche haben ergeben, dass es nicht besonders sinnreich ist, Maschinen mit der Etikettierung zu beauftragen. Wie schon erwähnt, sind die verschiedenen Sorten extrem unterschiedlich in ihrer Beschaffenheit, und jener Etikettenstempel, der dem neuseeländischen Braeburn vielleicht nur ein müdes Lächeln entlockt, sorgt beim Golden Delicious möglicherweise für den sofortigen Übertritt des Aggregatzustandes in Richtung Mus. Um dies zu vermeiden, werden die Etiketten von Menschenhand auf die Äpfel geklebt – Apfel für Apfel, Etikett für Etikett. Bei großen Apfelerntebetrieben geschieht dies am Fließband, in kleiner strukturierten Einheiten wird auch schon mal von einem Korb in den nächsten sortiert. Die Bezahlung ist der intellektuellen Anforderung durchaus angemessen – mit fünf bis sechs Euro pro Stunde kann der Apfeletikettierer im Durchschnitt rechnen.

Gefahr: (Lassen Sie es uns so sagen: Die Wahrscheinlichkeit, als Apfeletikettenaufkleber von einer gefährlichen Situation überrascht zu werden, ist ungefähr so hoch wie
die Chance auf die Begegnung mit einem Weißen Hai in
Schorsch Brunnhubers Süßwasseraquarium. Null Sterne.)

Langeweile: ***** (Mehr als fünf Sterne vergeben wir prinzipiell nicht. Für den Apfeletikettenaufkleber gerieten wir
ernsthaft in Versuchung, eine Ausnahme zu machen.)

Seltenheit: * (Apfeletikettenaufkleber zählen zu den Ernte-
helfern und sind insofern nicht eben selten zu nennen.)

Ekelfaktor: * (Ab und an steckt mal der Wurm im Apfel, aber
das ist auch schon das Ekligste, das Ihnen blühen könnte.)

Neidfaktor: (Nur Apfelfetischisten könnten tauschen wollen.
Hey, gibt es Apfelfetischisten überhaupt?)

Wasserbecherkontrolleur

Dem nun folgenden Beruf können und wollen wir ob seiner vollständigen, grauenhaften, betroffen machenden Sinnlosigkeit nicht allzu viele Zeilen widmen, gemahnt er doch eher an eine Realsatire, an ein Gleichnis von der Sinnlosigkeit des menschlichen Lebens.

Vielleicht sind Sie ja einer dieser unerträglich wichtigen Vielflieger, die angeblich jeden zweiten Piloten persönlich kennen und Meilen schon alleine deshalb sammeln, um die eigene Erbärmlichkeit unter der Tünche der Weitgereistheit zu verstecken. Dann kennen Sie ganz sicher diese Wasserbecher, die man bei verschiedenen Fluglinien zu den sogenannten Mahlzeiten gereicht bekommt. Diese Becher sind mit mehr oder weniger formschönen Deckeln verschlossen, die zuweilen so fest auf ihnen sitzen, dass sie ihren eigenen Daseinszweck vollständig konterkarieren.

Gedacht sind die Deckel auf den Bechern nämlich eigentlich dazu, dass der werte Fluggast sich oder die Umgebung nicht unnötig benässt. Es könnte ja zu Turbulenzen kommen. Oder es könnte sein, dass gerade während der Parodie einer Mahlzeit der übergewichtige Sitznachbar aufsteht, weil er ausgerechnet jetzt ganz dringend zu seinem in der Bordtoilette deponierten Sprengsatz muss. Die Erfahrung lehrt die leckere Flugbegleiterin nämlich schmerzhaft, dass ihre propere Optik spätestens dann nicht mehr genügt, wenn der werte First-Class-Mega-Checker knapp unterhalb des Armani-Schlipses einen Anflug jenes Gefühls verspürt, das wir

gewöhnlichen Sterblichen als einen Hauch von Unzufrieden-
heit bezeichnen würden. Das geschieht bei diesen eminent
bedeutsamen Entscheidungsträgern gemeinhin dann, wenn
sie einen Mangel an notwendigem Respekt, fehlenden Service oder gar die Abwesenheit von angebrachter Anbetung zu
bemerken glauben. Und das führt uns nun zurück zum Wasserbecher.

Die Deckel dienen also der Zufriedenheit der Passagiere,
führen jedoch – und das ist der eigentliche Gag an dieser
unsäglichen Geschichte – unweigerlich ständig zum genauen
Gegenteil. Sie sind nämlich oft derart bombensicher am Becher angebracht, also sozusagen eingerastet, dass selbst
kundige Wasserbecherdeckelentferner ein Übermaß an körperlicher Anstrengung aufbringen müssen, um sie zu entfernen. Dies wiederum führt dann zum Gegenteil dessen,
was der Becher-und-Deckel-Fabrikant ursprünglich beabsichtigt hatte: Der durch Fehlversuche erboste Kunde reißt
mit roher Kraft am Deckelchen, dieses löst sich ganz plötzlich und zuweilen in gänzlich unerwarteter Art, woraufhin
es ... Schwapps ... zum eingangs bereits erwähnten Fiasko
kommt: Wasser spritzt, Passagier nass, Passagier erbost.

Dies alles wäre uns natürlich keine Erwähnung wert, wenn
es nicht auch dafür neben dem bereits angesprochenen Produzenten einen echten Verantwortlichen gäbe: den Wasser-
becherdeckelüberprüfer. Von mir aus dürfen Sie auch »Was-
serbecherkontrolleur« sagen – klingt vornehmer, meint aber
dasselbe. Der oder die hat nichts anderes zu tun, als vor
der Auslieferung der bereits mit Wasser gefüllten Becher zu
kontrollieren, ob die Maschine, die die Deckel auf die Becher setzt, ihre Arbeit auch ordentlich erledigt hat. Das bedeutet: Er nimmt sich pro Stunde ein paar Dutzend der vielen hundert auf dem Band anrollenden Becher und überprüft,
ob die Deckel so fest sitzen, dass sie nicht einfach runter-

fallen, wenn der Pilot mal eben den Angriff auf Pearl Harbor nachspielt, aber auch wieder nicht so fest, dass zu ihrer Entfernung wahlweise ein Schweißbrenner oder einer der Klitschko-Brüder gebraucht würde. Sei's drum – fest steht, dass der Wasserbecherdeckelkontrolleur zweifelsohne einen der ödesten Jobs der Welt sein Eigen nennt. Immerhin: Es ist kein Ausbildungsberuf – auch Quereinsteiger mit niedrigen Ansprüchen sind hier willkommen. Glückwunsch!

Gefahr: * (Man könnte sich an losen Deckeln den Fingernagel einritzen. Oder die Haut. Oder beides. Oder man fällt einfach tot um. Aber das geht anderswo auch.)

Seltenheit: *** (Da es nur wenige Unternehmen gibt, die diese Wasserbecher produzieren, ist die Zahl der Wasserbecherdeckelkontrolleure automatisch ziemlich limitiert. Deshalb aber gleich von einem »elitären Zirkel« zu sprechen, halten wir für übertrieben.)

Ekelfaktor: (Wenn ein Mensch, dessen IQ über dem einer Bahnschranke liegt, diesen Beruf ausübt, ekelt er sich womöglich vor sich selbst. Zu Recht.)

Neidfaktor: (Hä? Neidisch?)

Kapitel 6

Die peinlichsten Jobs

Möchten Sie als Synchronsprecher für Pornos oder
SMS-Erotik-Autor arbeiten oder als lebender Geist durch
die Gegend laufen? Eben. Manche Jobs sind eben
wirklich so peinlich, dass man lieber darüber schweigt.
Es muss ja nicht gleich jeder wissen ...

Synchronsprecher für Pornos

*T*ill Schweiger tat es, und er outete in einem Interview auch den Kollegen Heiner Lauterbach. Auch »Stromberg« Christoph Maria Herbst verdiente einst seine Brötchen auf diese Weise, wie er der *Bild*-Zeitung im Rahmen des Münchner Filmfestes im Juni 2009 verriet: »Vor einem Vierteljahrhundert habe ich wenig Geld – aber wichtiges Geld, weil ich sonst nicht gewusst hätte, wie ich meine Miete bezahlen soll – durchaus mit dem Synchronisieren von Erwachsenen-Fachfilmen verdient«, sagte der Schauspieler. »Ich habe zwei Filme gemacht und mich dabei sehr gelangweilt. Das war so eine Sache, die überhaupt keinen Spaß macht und sehr Blitz-Herpes-verdächtig ist.«

Nun sind wir seit jeher der Überzeugung, dass ein bisschen Stromberg in uns allen steckt, doch wir finden, dass er das Verdruckste ein wenig übertreibt, wenn er von »Erwachsenen-Fachfilmen« spricht. Oder war das etwa Ironie? Nee – kann eigentlich nicht sein, denn unseren Quellen zufolge gab er das Interview ja der Münchner Redaktion der *Bild*-Zeitung, und schon deren gebildetere Leser halten Ironie bekanntlich für eine Fremdwort-Verniedlichung von Eisen und können ansonsten wenig damit anfangen. Also, liebe Leser, was Herbst uns eigentlich sagen wollte: Er mimte akustisch den Lustknaben in *Pornos*. Yep. *Pornos*. Sie wissen schon: Rammelfilme, Schmuddelkram, Pausenhofentertainment. So Zeugs eben. Und er war jung und brauchte das Geld. Der Satz hat noch gefehlt.

Da eine große Zahl der billig produzierten Matratzenfeger in den USA hergestellt wird, finden die »Dialoge« zumeist in amerikanischem Englisch statt, was aus mehreren Gründen dem deutschen Konsumenten nicht zuzumuten ist. Zum einen ist dieser Akzent, wenn er von blonden Pamela-Anderson-Lookalikes gequetscht wird, eine besonders perfide Form der Körperverletzung. Den teutonischen Betrachter erinnert das unweigerlich an jenes Idiom, das normalerweise im Erzgebirge gesprochen wird, und dies könnte zu einer unkalkulierbaren Beeinträchtigung des gewünschten Effekts führen. Denn bei der Betrachtung des opulenten und stark körperorientierten Spektakels auf der Mattscheibe – unter Umständen in Verbindung mit kleinen blauen Pillen – ist ja durchaus ein Effekt erwünscht. Oder anders ausgedrückt: Jene Grunz- und Fiepslaute, die Charlie Sheens Freundinnen für Sprache halten, sorgen bei vielen Menschen für Kopfweh, Übelkeit und Impotenz. Sind das etwa Begleiterscheinungen, die den Porno-Genuss fördern? Na also!

Ein weiterer Grund für die fehlende Kompatibilität amerikanischer Tonspuren und mitteldeutscher Kleinhirne ist natürlich die Sinnhaftigkeit des Gesagten, denn viele unschuldige Betrachter der liebevoll aufbereiteten Abenteuergeschichten aus dem Bereich der Körpersäfte wollen einfach so viele Informationen wie möglich erhalten, und dies ist nur dann gewährleistet, wenn die Aktionen auf dem Bildschirm akustisch unterlegt sind. Wenn also die rassige Ronda ihren wilden Stier namens rolliger Ron zum orgiastischen Höhepunkt reitet, dann will der kritische deutsche Spartencineast hören, wie die rassige Ronda zum rolligen Ron sagt, dass sie ihn jetzt zum orgiastischen Höhepunkt reitet. Auch wenn die genaue Wortwahl von unserem Beispiel geringfügig abweichen könnte. Nur dann nämlich erschließt sich unserem Fan die wahre Bedeutung des Geschehens, nur dann ist der Liebhaber von Erwachsenen-Fachfilmen (danke, lieber Herr Herbst!) in der Lage, die komplexe Handlung auf all ihren Ebenen wirklich zu reflektieren.

Tatsächlich sind viele Porno-Synchronsprecher ausgebildete Schauspieler. Kein Wunder, haben sie doch im Rahmen ihrer Ausbildung auch Stimm- und Sprechtraining erhalten, was für die Synchronsprecherei unerlässlich ist. Das mag nicht immer einleuchtend klingen, doch auch Sätze wie »Ja, du Schlampe, du, besorg's mir richtig!« sollten fehlerfrei und mit ansprechender Intonation ins Mikrofon geröhrt werden. Nichts irritiert den Betrachter eines solchen kleinen Kunstwerks schließlich mehr, als wenn diese entscheidende Textzeile bei einem unbedarften Praktikanten womöglich zu einem gelangweilt hingerotzten »Ja, du ... ääääh ... Lampe, du. Sorg mich wichtig« verkommt. Alles schon passiert.

Die grausame Wahrheit ist, dass viele junge Menschen (seufz) von einer Karriere als nächste Angelina Jolie träumen. Männliche Träumer entscheiden sich auch gerne mal für George Clooney als Rollenvorbild und bekennen sich deutlich seltener zu Jolie. Das führt dazu, dass es sehr viele Schauspieler gibt und Schauspielschulen mittlerweile so strenge Aufnahmekriterien anlegen müssen, dass es leichter ist, sich als Putzfrau im Codierungsraum des Pentagons sein Geld zu verdienen, als in eine Anfängerklasse zu rutschen. Doch leider existieren längst nicht so viele Rollen, dass alle potenziellen Brad Pitts angemessen mit Talentproben versorgt werden könnten. Will heißen: Die Synchronisation bietet hier eine großartige Chance, eine irgendwie berufsnahe Tätigkeit auszuüben, Geld zu verdienen und dabei auch noch anonym zu bleiben. Anonymität gehört zwar in aller Regel nicht unbedingt zu den Wünschen eines zukünftigen Charakterdarstellers, doch manche Jobs zum Geldverdienen lässt man langfristig vielleicht doch lieber unter den Tisch fallen.

Den Einstieg ins Geschäft bieten sogenannte Mengetermine: die Synchronisation von Massenszenen, bei denen ein einzelner oder nur wenige Sprecher viele verschiedene Rollen übernehmen. Dann folgen kleine Einzelrollen, zum Beispiel als Gast in einer Kneipe oder – im speziellen Fall – auch als Hintergrund-Peitschenschwinger im Domina-Studio. Zugegeben, Anspruch geht anders, aber wer ein Minimum an Talent mitbringt und mit dem erbarmungslosen Zeitdruck, der in Tonstudios herrscht, gut klarkommt, kann sich so bis zu den Hauptrollen hocharbeiten. Und irgendwann wird dann vielleicht jener lang gehegte Wunschtraum wahr, und Britta aus dem mittelfränkischen Uffenheim darf jenen bedeutungsschweren Satz auf Deutsch sagen, der die rassige Ronda in den Vereinigten Staaten über Nacht zur Ikone des Business machte: »I guess I'm always horny.« Ach? Sie wollen das auf Deutsch? Brittas Text? Nö.

Bevor wir's vergessen: Pro Tag können angehende Synchronsprecher mit rund zweihundert Euro Gage rechnen, aber dafür schuften sie auch acht bis zehn Stunden am Mikrofon, und wenn's um Schweinkram geht, stehen zuweilen fünf oder sechs Filme hintereinander auf dem Terminplan. Bekannte Stars bekommen selbstverständlich deutlich mehr Geld – doch synchronisieren die normalerweise natürlich auch keine Pornos.

Gefahr: * (Wenn Sie weltanschaulich mit den Puritanern liebäugeln oder gerade versuchen, das Zölibat möglichst gut zu finden, könnte der Job durchaus gefährlich sein. Sonst eher nicht.)

Langeweile: *** (Wenn man Pornos sehen will, dann kann man sie nicht synchronisieren. Wenn man sie synchronisiert, guckt man sie nicht wirklich an. Und dann langweilt man sich, denn die Texte sind öder als ein Interview von Reinhold Beckmann mit sich selbst.)

Seltenheit: * (Tausende von Filmen werden monatlich produziert, Tausende von Streifen werden synchronisiert. Selten ist der Job also wirklich nicht.)

Ekelfaktor: **** (Lassen Sie es uns so formulieren: Wenn Sie gewisse Ansprüche an Stil und Ästhetik haben, sollten Sie diesen Job niemals in Erwägung ziehen. Wenn Sie jedoch Dieter Bohlen für einen Künstler halten, gerne gelbe Leggings tragen und ein wenig öligen Charme versprühen, werden Sie sich bei den meisten Streifen nicht besonders ekeln.)

Neidfaktor: * (Testosterongeplagte Angehörige einer Männerselbsthilfegruppe könnten den Synchronisierungsjob als Einstieg in die Darsteller-Riege des Porno-Business missverstehen. Die wären dann neidisch. Sonst fällt uns spontan niemand ein.)

Lebender Geist

Ähneln Sie Harry Wijnvoord? Sehen Sie aus wie Dieter Thomas Heck? Können Sie Kinder erschrecken, indem Sie sich wie Lukas Podolski anhören, oder treiben Sie Ihrem Nachbarn den Angstschweiß auf die Stirn, weil Ihre Gesten ihn an Joschka Fischer erinnern? Trifft auch nur eine dieser Eigenschaften auf Sie zu, dann haben wir möglicherweise den idealen Job für Sie: Geben Sie doch einfach den lebenden Geist.

Ganz so einfach, wie es sich zunächst anhört, ist es allerdings nicht – Hässlichkeit und schlechte Laune genügen als Qualifikation noch lange nicht. Man mag über Gaddafi, Khomeini, Catweazle und Monica Lewinsky sagen, was man will, aber sie haben die Messlatte für Abgrundtiefes schon sehr hoch gelegt. Galt einst eine Visage wie die von Richard Nixon schon als Ersatz für die atomare Abschreckung, sind die heutigen Kinder abgebrüht genug, um selbst vor einer Helmut-Kohl-Maske nicht mehr schreiend davonzurennen. Gut, Westerwelle geht auch den Härtesten von uns noch wie ein Tsunami unter die Haut, Christoph Daum löst nach wie vor Traumata aus, und Wolfgang Schäuble, die rollende Gallenkolik, macht uns weiterhin mehr Angst, als wir jemals vor einer Nacktszene mit Mutter Beimer hatten. Aber die Zeiten, in denen man sich als Madeleine Albright einfach zurücklehnen und abwarten konnte, wie die Umgebung vor Schreck dahinschied, sind vorbei. In dieser unglückseligen Ära des Internets haben wir fast alles schon gesehen, sämtliche Fähr- und Schrecknisse schon verspürt und stellen Freddy-Kruger-Puppen mit rot glühenden Augen als Nachtleuchten neben die Betten unserer Kinder.

Sie merken schon: Man muss sich anstrengen, um die Menschen heute noch das Gruseln zu lehren. Wenn man jedoch sein Handwerk beherrscht, dann gibt es etliche Einsatzmöglichkeiten, und der Verdienst ist auch ganz passabel. Vor allem wenn man bedenkt, dass Sie für das, was Sie in Geisterbahnen tun, anderswo mit dem Entzug Ihrer Bewegungsfreiheit bestraft würden. Wenn Sie in Süd-London beispielsweise eine Maggie-Thatcher-Maske tragen und unschuldigen Rentnern als Wiedergänger der eisernen Lady heimleuchten, ist das weit mehr als grober Unfug. Schließlich könnte ein mutwillig herbeigeführter Herzinfarkt durchaus als Mord interpretiert werden. Auf dem Rummelplatz jedoch ist diese Form des fröhlichen Schabernacks nicht nur erlaubt, sondern sogar gewünscht, denn plötzlich hervorschießende Holz- oder Plastikpuppen mit ihren blutunterlaufenen Augen und den billig aufgemalten Wundnarben entlocken doch heutzutage nicht einmal mehr den Dreijährigen noch ein müdes Frösteln. Nein, der Trend in der Erschreckungsbranche geht eindeutig hin zum »lebenden Geist«, der seine Opfer eben nicht nur durch plötzliches Erscheinen oder angeblich fürchterliche Laute zu schockieren sucht, sondern ihnen durch Verfolgung und Präsenz, durch perfide Wiederholung und den Appell an die geheimsten Ängste das Gefühl vermittelt, die Grenzen von Wirklichkeit und Fiktion würden verschwimmen. Sie mögen einwenden, es mache Ihnen überhaupt nichts aus, in einer dunklen Nacht Uli Hoeneß zu begegnen, aber fragen Sie doch mal einen Bremer, wie *er* damit umgehen würde. Da kann eine Geisterbahn schnell zum emotionalen Himmelfahrtskommando werden, da kommt Ihnen nach einer Weile sogar das Gesicht von Peter Maffay wieder vertrauenerweckend vor.

Ein großartiger Arbeitgeber für diesen neuen Trendberuf sind übrigens nicht nur zahlreiche Geisterbahnen rund um den Globus, sondern auch einige Vergnügungsparks – vornehmlich in englischsprachigen Ländern. So sucht zum Beispiel »Movie World« an der australischen Gold Coast regelmäßig zum Halloweenfest Darsteller für eine »Fright Night«, die den Besuchern des Parks das Fürchten beibringen sollen. Kandidaten müssen über achtzehn Jahre alt sein, einen Lebenslauf mit Foto und Angabe der Größe einsenden und dem Park zwischen Ende September und dem 1. November zur Verfügung stehen. Weitere Voraussetzungen gibt es nicht. Und denken Sie daran: Eine Westerwelle-Maske zieht immer. Überall. Ehrlich.

Gefahr: *** (In Geisterbahnen ist der Job nicht ohne Risiko, denn vor allem Machos, die mit Freundin unterwegs sind, nehmen es gerne mal persönlich, wenn die Holde angsterfüllt quietscht, und versuchen, dem Geist mal rasch das Maul zu stopfen. Berufsrisiko. Entmaterialisieren Sie sich einfach.)

Langeweile: *** (Menschen so richtig zu erschrecken ist selten wirklich langweilig.)

Seltenheit: *** (Noch ist der Beruf nicht wirklich häufig, doch die immer mehr boomende Halloween-Euphorie auch in unseren Breiten sorgt allmählich für erhöhte Nachfrage.)

Ekelfaktor: ** (Es könnte passieren, dass dem einen oder anderen soeben Erschreckten angesichts Ihrer fürchterlichen Visage das gerade mal halb verdaute Popcorn wieder aus der Kauleiste glitscht, aber das müssen Sie einfach als persönlichen Erfolg interpretieren. Dann hält sich das mit dem Ekel in Grenzen.)

Neidfaktor: **** (Irgendwie ist das schon ein geiler Job.

Ständig ungestraft Leute erschrecken muss doch tierisch Laune machen. Doch – da verspüren wir durchaus einen Anflug von Neid.)

SMS-Erotik-Autor

*S*ie sind vielerlei Alters, doch immer irgendwie sexy und heiß. Immer suchen sie in den Weiten des Mobilfunknetzes nach Männern, denen es gelingt, mit wohlgesetzten Worten ihre geheimsten Sehnsüchte, verbotenen Träume und lasterhaftesten Wünsche zu befriedigen. Ihre Dienste preisen sie auf den Anzeigenseiten der Stadtmagazine oder im Nachtprogramm diverser Fernsehsender an. Niemals lernt sie der triebgeplagte Silbenakrobat wirklich kennen – stets bleibt die Angebetete ein ferner Hort der überquellenden Begierde, eine Projektionsfläche für die schmuddeligsten Winkel der männlichen Großhirnrinde. Manchmal sind diese willigen Weibchen soeben erst der Schulbank entwachsen, dienen sich als lüsterne Studentin, vernachlässigte Hausfrau oder rattenscharfe Großmutter an, sind mal einfühlsam und zärtlich, mal fordernd und dominant. Mit Bildern oder kurzen Filmen demonstrieren sie ihre Fähigkeit zu Leidenschaft und Hingabe, die akustischen Botschaften gipfeln in zärtlich gehauchten oder auch rabiat gerappten Botschaften voll suggestiver Kraft. Von »Spiel zärtliche Spiele mit mir« bis zum mittlerweile schon kultigen »Ruf! Mich! An!« ist alles dabei, doch der Trend des Nachtprogramms geht mittlerweile weniger zum akustischen Austausch als zur buchstabenanimierten Passion.

Schreibt der solcherart Verzauberte mit zitternden Fingern eine erste Kurznachricht an die eingeblendete Telefonnummer, so folgt die Antwort prompt. Kaum hatte unser schüchterner Jüngling – im wahren Leben beim anderen Geschlecht unge-

fähr so erfolgreich wie Heintje als Erwachsener – seine Gefühle
in karge Abkürzungen gezwängt, da wird ihm in einem sinnen-
verwirrenden Rausch von Buchstaben und Zeilen klargemacht,
welchen Most hier der Bartel holt. Da juckt es in der Leder-
hose, da dampft die Erotik aus den Poren des Mobiltelefons.
Immer mutiger wird unser Jüngling nun, tippt wie besessen
nach und nach all jene Wünsche in die schmucklose Tastatur,
die ihn – äußerte er sie je im wahren Leben – möglicherweise
zu einem Nachmittagsauftritt in einem RTL-II-Studio verhelfen oder ihn in eine geschlossene Einrichtung bringen würden.

Und was tut die solcherart Angehimmelte? Im Gegensatz
zu all den anderen Schnallen, die ihn nicht einmal wahrneh-
men würden, wenn er sich als Buzz Lightyear verkleidet vom
rechten Turm des Kölner Doms aus vor ihre Füße schmeißen
würde, antwortet sie schnell und zuverlässig. Und wie's der
Zufall will, liebt sie all seine Perversionen, folgt ihm willig
in die Abgründe der Schmuddelecke und ermutigt ihn sogar,
sich weiter jenen Fantasien hinzugeben, die seine Mutter
nicht mal ahnte. Sonst hätte sie ihn ja davor gewarnt.

Doch wisse, holder Knabe – mag Ludmillas Zeilen »Bück
dich, Sklave, leck mir die Stiefel« auch ein Zauber innewoh-
nen, den nur du zu verstehen meinst, so steht doch zu befürchten, dass du nicht der einzige Günstling jener starken
Stute bist, die sich an deinem willigen Leiden so lustvoll de-
lektiert. Ja, es ist sogar möglich, dass Ludmilla gar nicht
Ludmilla heißt, sondern Dieter, Cindy oder Marc-Pascal, Ge-
wichts- und Akneprobleme hat, nicht dominanter ist als der
Yorkshire-Terrier deiner Großtante und sich zudem – und
jetzt kommt's – weder in Glattleder kleidet noch Handfesseln
besitzt. Ludmilla, der du Dutzende Botschaften glühender
Unterwerfung gesandt und pro SMS 4,95 Euro bezahlt hast,
gibt es nicht, hat es nie gegeben und wird es vermutlich in
der von dir erträumten Fassung auch nie geben. Du schick-

test deine Poesie an ein Callcenter, dessen Mitarbeiter/-innen vor Flachbildschirmen sitzen und dich mit den Ausgeburten ihrer flink tippenden Finger zu immer neuen verbalen Ergüssen animieren.

Oft sind es angehende Akademiker, die sich für diesen Job bewerben, denn sie bringen in aller Regel gute Voraussetzungen mit. Sie verfügen über einen soliden Grundwortschatz und haben genügend Fantasie, um ihre Aura mit der jener nicht existenten Ludmilla zu verschmelzen. Sie benötigen eine gewisse Wortgewandtheit im eindeutig zweideutigen Bereich, schnelle Finger und die Fähigkeit, andere zu manipulieren. Der Verdienst ist allerdings nicht sehr üppig: normalerweise gerade mal fünf Euro pro Stunde.

Gefahr: ** (Es soll Menschen geben, die von ihren SMS-Partnerinnen so besessen sind, dass sie alles dafür tun, um an deren Daten zu gelangen. Normalerweise ist das unmöglich, aber wenn es doch passiert, trifft Pseudo-Ludmilla auf einen Irren. Und das kann durchaus gefährlich sein.)

Langeweile: *** (Als Sexualforscher könnten zwei oder drei Tage in einem dieser Callcenter lehrreich und spannend sein, und wenn man ehrliche Freude an Perversionen hat, mag der Job auch recht witzig sein. Nach einer Weile allerdings wird's wahrscheinlich ziemlich öde. Warum? Na ja – irgendwie wollen alle doch immer nur das eine ...)

Seltenheit: (Der Bedarf ist enorm, die Nachfrage muss gedeckt werden. Die Ludmillas gibt's in rauen Mengen. Da gibt's kein Sternchen.)

Ekelfaktor: ** (Ja nun, kommt drauf an. Manche Geständnisse können einem schon den Appetit verderben, aber wahrscheinlich gewöhnt man sich irgendwann dran. Oder?)

Neidfaktor: * (Viel Nachtarbeit, wenig Kohle – so richtig neidisch wird kaum jemand sein.)

Menschlicher Bettwärmer

Kaum etwas zehrt den Menschen schneller aus als ein Mangel an gesundem Schlaf. Das mag in Ihren Ohren wie ein Gemeinplatz klingen, was daran liegen könnte, dass es sich um einen Gemeinplatz handelt. Doch weniger richtig wird es dadurch noch lange nicht. Schlafen ist wichtig, guter Schlaf ist schön, und spätestens ab einem Alter von zwölf bis vierzehn Jahren setzt sich auch im hippeligsten Teenager die Erkenntnis durch: Jenes Dasein, das wir gerne als »Leben« bezeichnen, ist längst nicht so aufregend, als dass wir nicht ein paar Stunden davon verpassen dürften. Kinder wissen das noch nicht, gehen deshalb oft ungern ins Bett und nerven uns mit quengeliger Müdigkeit. Wenn sie dann den Schritt zum Langschläfer vollzogen haben, nerven sie uns mit miefigen Zimmern ohne Sauerstoff und Tageslicht, mit ihrer vollständigen Verweigerung, sich am vormittäglichen Familienleben zu beteiligen, und schlechter Laune, nachdem sie aufgestanden sind. Sie sind dann nach rund sechzehn Stunden Bettzeit zwar brutalstmöglich ausgeschlafen, pubertieren jedoch heftig vor sich hin, was in uns nach wenigen Augenblicken eines gemeinsam verbrachten Tages die Frage aufwirft, warum wir sie eigentlich nicht dauerhaft ans Bett fesseln, ihre Zimmertür abschließen und den Schlüssel für die nächsten drei Jahre an eine vertrauenswürdige Persönlichkeit wie Lord Voldemort oder Zsa Zsa Gabor übergeben. Aber das nur nebenbei.

Tatsache ist, dass wir – vorausgesetzt, wir gehören nicht zu jenen megaknackigen Hyperduperyuppies, die angeblich ständig unter Strom stehen und mit vier Stunden Schlaf pro Nacht auskommen (was uns immer an eine Mischung aus dem nervösen Kermit und Christoph Daum erinnert) – rund ein Drittel unseres Lebens im Bett verbringen. Und auch wenn in männlichen U20-Umkleidekabinen gern und oft behauptet wird, ein großer Teil ginge dabei für den Austausch von Zärtlichkeiten mit der angeblich stets willigen Gespielin drauf, ist es empirisch belegt, dass wir neun Zehntel dieses Drittels schlafend zubringen. Dies führt uns zu der Erkenntnis, wie wichtig und notwendig es für jeden Einzelnen zum einen ist, ein Bett zu haben, das seinen Bedürfnissen entspricht, und zum anderen natürlich, tief und gesund zu schlafen. Jeder, der schon einmal längere Zeit an Blasenentzündung oder Prostata-Beschwerden litt oder aber für kleine Kinder im Nebenzimmer verantwortlich zeichnete, wird uns in diesem Punkt sicherlich gerne zustimmen.

Was aber ist das Wesentliche für einen gesunden Schlaf? Na? Na? Die Ungestörtheit, mögen Sie anführen, und damit haben Sie sicherlich auch nicht unrecht, doch des Pudels Innerstes haben Sie damit noch nicht erfasst: Um lange und gut zu schlafen, sollte man schnell einschlafen können. Yep. Nichts ist nämlich lästiger und dem Erholungsschlaf weniger zuträglich, als wenn sich der müde Mensch stundenlang hin und her wälzt, wenn ihn das Wissen peinigt, schlafen zu müssen, um fit zu werden, aber gerade dieser Zwang ihn an der für den Schlaf so notwendigen Entspannung hindert. Zuweilen sind psychische Probleme für diesen Zustand verantwortlich, zuweilen jedoch sind die Ursachen wesentlich prosaischer: So gibt es beispielsweise sehr viele Menschen, die sich enorm schwer damit tun, in fremden Betten einzuschlafen. Das ist besonders unangenehm für Handlungsreisende oder erfolgreiche Profifußballer, die bekanntlich dauernd in Hotels nächtigen müssen. Ein weiteres Einschlafhindernis ist die Temperatur der Liegestatt, denn umtriebige Schlafexperten haben herausgefunden, dass man in kalten Betten deutlich schlechter einschläft als auf wohltemperierten Laken.

Die Schlafkillerkombination schlechthin ist also das eisige Hotelbett. Und weil das so ist, hat man sich vor geraumer Zeit in Großbritannien, je rem Mutterland der Kuscheligkeit, Gedanken darüber gemacht, wie man dem schlafbedürftigen Gast das Leben erleichtert. Genauer gesagt: Das Management des britischen Ablegers der Hotelkette »Holiday Inn« hat sich Gedanken gemacht und die folgende Idee gehabt: Kurz bevor der Gast das hoteleigene Restaurant oder die Bar verlassen will, sagt er einem dienstbaren Geist Bescheid, und dieser alarmiert nun den hoteleigenen »Bettwärmer«. Im Gegensatz zu den ansonsten üblichen Einrichtungen wie Wärmflaschen oder Heizkissen, die man zwischen die Laken steckt, handelt es sich in diesem speziellen Fall um einen menschlichen Bettwärmer, was uns spontan zu der Frage bringt, ob sich die örtlichen Callgirl-Agenturen hier ein Zubrot verdienen. Weit gefehlt, denn im Gegensatz zu den engagierten Servicehäschen des horizontalen Gewerbes ist der hoteleigene Bettwärmer vollständig bekleidet – so vollständig, dass man anschließend buchstäblich keine Spur von ihm entdecken kann: Er (oder sie) trägt einen ausgefeilten Ganzkörperschlafanzug, der seinen Nutzer von Kopf bis Fuß praktisch vollständig bedeckt – lediglich für Augen, Mund und Nase sind Schlitze ausgespart. Nach rund fünf Minuten verlassen diese sehr speziellen Servicekräfte das kurzfristig bezogene Bett wieder, nachdem sie es auf eine Temperatur von rund zwanzig bis vierundzwanzig Grad erwärmt haben.

Nun mag der geneigte Leser einwenden, dies ließe sich doch auch mit einer oder mehreren Wärmflaschen erreichen, doch Experimente haben ergeben, dass der Effekt nicht annähernd derselbe ist. Wärmflaschen nämlich heizen das kühle Lager nur an eng begrenzten Stellen auf – die Umgebung kommt dem ermatteten Gast dafür nun umso kälter vor, was – wir hatten es bereits erwähnt – sein sanftes Hinübergleiten in Morpheus' Arme unter Umständen entscheidend verzögert. Die großflächige Abgabe natürlicher Körperwärme hingegen sorgt für ein angenehm »kuscheliges« Klima, kommt dem nächtlichen Gefühl des warmen Bettchens, das man nur ungern verlassen würde, sehr nahe und hat sich in der Vergangenheit sehr bewährt.

Gefahr: ** (Gefahr? Nun – Handlungsreisende und Profifußballer sind womöglich schon sehr lange von zu Hause weg. Und einsam. Sehnen sich nach Zärtlichkeit. Und mehr. Was wir damit sagen wollen: Zu lange sollte ein Bettwärmer nicht bleiben. Und auf keinen Fall einschlafen. Nur vorsichtshalber.)

Langeweile: *** (Der Satz »Ich war schon bei Michael Ballack im Bett« könnte einem Mann in einer Kölner Szene-Disko anerkennenden Applaus bescheren, einer Frau praktisch in jeder Aerobic-Gruppe. Der Nachteil: Spannender wird's nicht mehr, es sei denn ... siehe auch »Gefahr«.)

Seltenheit: **** (Noch gibt es erst sehr wenige menschliche Bettwärmer, und es steht zu befürchten, dass sich das Angebot bei uns kaum wirklich durchsetzen wird.)

Ekelfaktor: * (Das Bett, in das man sich im Ganzkörperkondom legt, ist immer frisch bezogen und porentief rein. Abstoßende Überreste der Sinnenfreuden aus der vorigen Nacht sind deshalb nicht zu befürchten.)

Neidfaktor: ** (Es mag durchaus Menschen geben, die ihr Geld gerne liegend verdienen, doch der ständige Kampf gegen den Schlaf, die überaus seltsame Berufskleidung, die unregelmäßigen Arbeitszeiten und die mäßige Bezahlung stellen sicher, dass sich die Zahl der Bewerber ebenso wie jene der Neider in Grenzen hält.)

Nacktmodell

*P*reisfrage: Von wem stammt die folgende Antwort? »Nun, in erster Linie habe ich das für mich selbst getan. Und das Ergebnis hat mich wirklich begeistert. Die Bilder sind so ästhetisch geworden!«

Na? Okay – war nicht so schwer. Praktisch jede wohlgeformte junge Dame, die ihre die Kurven so unästhetisch einengenden Hüllen für ein Magazin wie den *Playboy* kurzerhand fallen ließ, hat angeblich keinen Schimmer davon, dass ihre Rundungen Millionen von pickeligen Teenagern möglicherweise – wir spekulieren natürlich nur – zu Selbstbefleckungen anregen könnten. Und diese führen bekanntlich – katholische Einrichtungen hielten diese Theorie über Jahrzehnte hinweg für unumstößlich – direkt in die Hölle oder schädigt ersatzweise das Rückenmark. Diesen jungen Menschen ist die Ästhetik meist schnurzpiepegal. Traurig, aber wahr.

Wenn wir also den Gesichtspunkt der »ästhetischen Fotos« mal beiseitelassen, gibt es normalerweise drei gute Gründe, sich für den *Playboy* zu entblättern. Erstens: Man ist eine Provinzschönheit aus Brandenburg und hofft, dadurch berühmt zu werden. Zweitens: Man ist schon berühmt gewesen und will es wieder sein, weil man sonst zurück nach Brandenburg muss. Drittens: Man ist jung und braucht das Geld. Ob man aus Brandenburg stammt, ist in diesem Fall nebensächlich.

Für unsere nun folgenden Betrachtungen klammern wir den zweiten Punkt einfach mal aus, denn Katarina Witt interessiert uns in diesem Zusammenhang weniger. Wenden wir uns stattdessen zunächst jener Provinzschönheit zu, die sich durch den hüllenlosen Fototermin eine ruhmreiche Zukunft verspricht. Das allerdings klappt leider nur in den seltensten Fällen, denn die wenigsten derjenigen, die sich nackt präsentierten, haben es später auf Laufstege, in Schlagershows oder gar auf große Leinwände geschafft. Klar, für einen Eintrag ins goldene Buch der eigenen Heimatgemeinde könnte es reichen, auch wenn dabei die Gefahr besteht, dass der überwiegend männlich besetzte Stadtrat versuchen wird, die junge Dame zu einer Nachstellung der *Playboy*-Fotosession im korkgetäfelten Sitzungssaal zu überreden. Und wenn ihr dann der Bürgermeister unaufgefordert ins Ohr flüstert, seine Frau habe kein Verständnis für seine Bedürfnisse ... Viel weiter jedenfalls führt der Nackedei-Status selten, doch weil viele propere Landschönheiten der nun hoffentlich unweigerlich folgenden Karriere wegen in die große Stadt gezogen sind, ihrem Knut oder Sven den Laufpass gegeben und ihre Drogeriemarktfachverkäuferinnenausbildung abgebrochen haben, stehen sie schnell vor der Frage, welche beruflichen Pfade nun einzuschlagen seien. Viele entscheiden sich dann für eine Wiederholung des Erstversuchs. Doch ach: Der *Playboy* lebt davon, dass er ständig frische Ware liefert, und lichtet ein und dasselbe Häschen nicht zweimal ab – Angela Merkel könnte die Ausnahme sein. So muss sich unsere Kurvenqueen, um die Miete fürs roséfarben gestrichene Einzimmer-Appartement in der Vorstadtsiedlung abdrücken zu können, für die zweitbeste Lösung entscheiden. Das heißt, sie bewirbt sich bei einem anderen Magazin, dann noch mal bei einem anderen und dann vielleicht noch bei einem vierten. Und wenn sie dann immer noch nicht als perfekte Garderobenfrau entdeckt wurde und angezogen nicht einmal mehr von guten Freunden erkannt wird, ist sie endgültig bei einer

Berufsbezeichnung gelandet, die sie niemals führen wollte: Nacktmodell.

Sie erinnern sich an den Anfang dieses Textes. Ästhetik und so. Ja? Nun, je schmuddeliger die Magazine, desto schlechter auch die Fotografen, und nach einer Weile dürfen Sie ästhetisch getrost durch pornografisch ersetzen. Nicht, dass Sie jetzt glauben, wir würden hier einen auf moralisch machen, aber es sei uns an dieser Stelle doch gestattet, darauf hinzuweisen, dass die Fähigkeit, sich aller Kleider zu entledigen und lasziv in eine Kamera zu schmollen, per se noch kein regelmäßiges Einkommen rechtfertigt.

Allerdings – und auch das darf hier nicht unerwähnt bleiben – gibt es auch andere Nacktmodelle, die so gar nichts mit den drallen Schmollmundbeautys aus der Schmuddelecke des Bahnhofskiosks zu tun haben. Oftmals handelt es sich um Studentinnen oder Studenten, die sich ein paar Euro dazuverdienen und in der Kunstklasse der Volkshochschule unbekleidet auf einem Podest sitzen oder stehen. Sie bieten mehr oder weniger frustrierten Hausfrauen aus Niederbayern die Gelegenheit, endlich mal einen Akt mittels lebendigem Vorbild malen zu dürfen.

Dabei ist makellose Schönheit absolut keine Voraussetzung – eher ein Hindernis. Denn *Playboy*-taugliche Models würden schnell dazu führen, dass Malkurse binnen weniger Minuten zwar restlos ausgebucht wären – das Interesse der potenziellen Pinselschwinger an der hehren Kunst hielte sich allerdings wohl in überschaubaren Grenzen. Selbiges gilt für den Brad-Pitt-Verschnitt aus Oberhaching, der für die Deggendorfer Metzgersgattinnen möglicherweise eine Versuchung darstellen könnte, gegen die lila eingewickelte Schokolade einfach nicht mehr ankommt. Nein, das Nacktmodell, das von Kunstlehrern bevorzugt wird, ist eher der Typ »Normalo« – nicht zu dick, nicht zu dünn, auf keinen Fall zu langbeinig und ohne übertrieben ausgeprägte Rundungen. Die körperlichen Proportionen sollten gut erkennbar sein, zuweilen ist auch ein ausgeprägter Muskeltonus gefragt.

Die Fähigkeit zur inneren Ruhe und Einkehr kann auch nichts schaden. Schließlich kommt es möglicherweise darauf an, lange Zeit in ein und derselben Pose zu verharren. Eines sollte ein Nacktmodell übrigens auch nicht sein: neugierig. Denn wer jene Bilder unbedingt sehen will, die von den Eleven der Malerei angefertigt wurden, stößt dabei meistens sehr schnell an die Grenzen der eigenen Toleranz.

Gefahr: ** (Manchmal drohen Muskelkrämpfe, und möglicherweise wird man auch zum Objekt der Begierde. Solange es nicht zu Nachstellungen kommt, ist das Risiko überschaubar. Generell gilt aber natürlich: Nacktheit macht verwundbar – so oder so.)

Langeweile: ** (Für den *Playboy* abgelichtet zu werden, soll angeblich recht aufregend sein. Und möglicherweise ist es auch jedes Mal, wenn man sich für Kameras oder für fremde Menschen auszieht, ein Kick. Vielleicht gewöhnt man sich aber auch dran, und dann ... dann wird's wahrscheinlich auch irgendwann mal fad.)

Seltenheit: (Die Zahl der Bewerber und Bewerberinnen ist riesig.)

Ekelfaktor: *** (Wenn es Ihnen nichts ausmacht, angestarrt zu werden, wenn Sie der Gedanke nicht stört, dass fremde Menschen angesichts Ihrer Bilder sabbern oder Schlimmeres anstellen, dann ist es vermutlich nicht besonders eklig. Es sei denn, der Fotograf oder Kunstlehrer korrigiert Ihre Posen ständig mit seinen Schwitzefingern ...)

Neidfaktor: ***(Wir wissen nicht so recht, warum, aber viele Menschen empfinden den Beruf als erstrebenswert. Tja.)

Comicfigurkostümträger

Nun stellen Sie sich doch einfach mal vor, Sie spazieren nichts ahnend einen öffentlichen Weg entlang, und plötzlich springt Sie eine haarige oder irgendwie schleimig-glatte Kreatur an und beginnt, sich mit riesigen Pranken an Ihnen zu schaffen zu machen. Ihre Reaktion? Nun – wenn Sie keine Neigung verspüren, nach getaner Verrichtung wie einst Siegfried im Drachenblut zu baden, dann geben Sie die Light-Version von Katrin Krabbe und machen sich rasend schnell so dünn wie möglich. Panik kann ein durchaus belebendes Gefühl sein.

Oder aber Sie tendieren tatsächlich zum Heldenmut, haben sich in der vergangenen Nacht mal wieder eine Überdosis Dirty Harry reingezogen und zufällig sowohl einen Baseballschläger in der Jackentasche als auch eine .38er im Gürtel stecken. Dann filetieren Sie das dämonische Gesocks binnen weniger Augenblicke zu einer geleeartigen Masse, die blutend und wimmernd zu ihren Füßen den Weg alles Irdischen beschreitet.

Stopp. So gut wir die letztgenannte Reaktion auch nachvollziehen können, so sehr müssen wir Ihnen von einem solchen Verhalten abraten. Denn auch wenn dieses Dingsda erschreckend rüberkommt und selbst abgebrühteste Gettokids aus Münstereifel-Nord mühelos zum Weinen bringt, handelt es sich doch in den wenigsten Fällen um einen echten Verwandten des Yeti von Loch Ness. Im Gegenteil: Hinter der zuweilen pelzigen, manchmal auch aalglatten Hülle befindet sich eine mitfühlende, meistens recht junge Seele, der ihr Job voll peinlich ist, die schwitzt wie zehn bayerische Mastschweine Aug in Aug mit dem Bolzenschussapparat und Sie so ungern betatscht, wie Anne Will mit Jürgen, dem Gute-Laune-Bär aus dem Big-Brother-Container, einen Zungenkuss austauschen würde.

Wahrscheinlich haben Sie es schon erraten: Bei diesen Nachtmahren aus der Fantasie früher Marketing-Experten handelt es sich um die ins »wahre Leben« verpflanzten Wiedergänger verschiedener Zeichentrickfiguren. Ob Micky Maus, Kater Karlo oder der doofe Goofy: In den Disney-Parks dieser Welt sind sie permanent auf Achse – angeblich, um sich mit Kindern zu deren Pläsier fotografieren zu lassen, in Wirklichkeit jedoch, um Traumata zu erzeugen, die später so manchen Seelenklempner auf Jahre hinaus mit Therapieanträgen versorgen.

Mittlerweile gibt es die verschiedensten Ableger dieser Scheußlichkeiten – seien es Sponge Bob oder Homer Simpson, Donald Duck oder Obelix. Ihre Einsatzgebiete sind längst nicht mehr auf Freizeitparks beschränkt – nein, sie bewerben ihre Sendungen, ihre Fanartikel oder auch einfach irgendeine andere Ausgeburt menschlicher Erfindungskraft in Fußgängerzonen oder Schwimmbädern, am Strand und in Stadien, auf Flugplätzen oder in Busbahnhöfen. In den Vereinigten Staaten sind es Tausende, die in diesen Verkleidungen stecken, denn dort haben auch die Teams des Profisports entdeckt, dass ihre jeweiligen Maskottchen auf diese Weise zum Leben erweckt werden können. Das führt dann zuweilen dazu, dass in Kindern früh die Einsicht reift, Alligatoren seien gar nicht so gefährlich, wie Erwachsene immer behaupten. Schließlich wurde der kleine Jimbo erst am Samstag mit einem fotografiert – was also soll falsch daran sein, die Echse, die in der ruhigen Vorstadtsiedlung von Miami gerade hinter dem Busch hervorkriecht, eigenhändig mit ein paar leckeren Steaks aus Mamas Kühlschrank zu füttern?

Nun, überlassen wir den kleinen Jimbo zunächst einmal sich selbst und seinen letzten Gedanken und wenden uns stattdessen jenen Personen zu, die in den besagten Kostümen stecken. Fast immer handelt es sich um junge Menschen, die die infernalische Hitze, die sich im Inneren der Hülle innerhalb weniger Minuten ausbreitet, gut wegstecken können. Wäre doch peinlich, wenn Micky Maus plötzlich vor der Würstchenbude zusammenbricht und aus den Tiefen des Gigantoschädels dumpfe Röchel-Laute dringen.

Von den Kostümträgern wird zudem eine gewisse grundsätzliche Freundlichkeit verlangt. Strikt verboten ist es ihnen, Kinder oder deren erwachsene Anhängsel zu schubsen, zu schlagen oder sich den Umarmungen eisverschmierter Bälger mittels Kopfstoß oder Fußtritt zu erwehren. Für Fototermine müssen die entmenschlichten Ganzkörperkondome jederzeit zur Verfügung stehen, permanent fröhlich winken und selbst mit einer Dreißig-Kilo-Hülle noch tapsige Tanzschritte zum Besten geben können. Beschimpfungen und Flüche sind übrigens tabu, und absolut strikt ist es untersagt, das Kostüm vor Arbeitsschluss abzunehmen. Wenn man all dies in Kauf zu nehmen bereit ist, kann man steinreich werden ...

Ein Scherz. Bloß ein Witz. Im Schnitt gibt's sieben Euro pro Stunde.

Gefahr: ** (Glauben Sie bloß nicht, das Kostüm sei kugelsicher. Aber zugegeben – der Risikofaktor ist nicht allzu groß, wenn man von der Gesundheitsgefährdung durch das Arbeitsklima – bitte verstehen Sie das wörtlich – absieht.)

Langeweile: (Hitze, permanente Fröhlichkeit, ständig neue Herausforderungen in Gestalt biblischer Plagen, die von ihren Erzeugern als »süß« beschrieben werden – nein, langweilig ist der Job wahrlich nicht.)

Seltenheit: * (In Europa sind sie noch nicht so verbreitet; in den Staaten gab es in den Siebzigerjahren sogar schon eine Art Gewerkschaft für die Jungs und Mädels dieser speziellen Schaustellertruppe. Von Exotik also keine Spur.)

Ekelfaktor: *** (Betatschen und betatscht werden macht Ihnen Freude? Sie sind selbst zu den widerlichsten Typen immer nett und freundlich? Es macht Ihnen nichts aus, dass Sie nach fünf Minuten strenger riechen als Roger Rabbit beim Wettlauf mit dem Igel, aber erst nach vier Stunden duschen dürfen? Dann gibt es für Sie keinen Grund, sich zu ekeln. Dann nicht.)

Neidfaktor: (Sieben Euro pro Stunde sind höchstens ein müdes Schmerzensgeld für diesen peinlichen Job. Dann noch lieber Blumenmuster in Robbenbabys schnitzen. Wir können uns keine Neider vorstellen. Sorry.)

Kapitel 7

Die tollsten Jobs

Wer einen dieser Jobs hat, wird von der ganzen Welt
beneidet (oder zumindest von einer kleinen Gruppe Freaks).
Dazu gehören professionelle Computerspieler, die neue
Games testen, Star-Doppelgänger und Abrissspezialisten,
die ihre Zerstörungswut an unschuldigen Gebäuden auslassen
dürfen. Hoher Neidfaktor garantiert.

Der »beste Job der Welt«

Zwölf Stunden Arbeit im Monat, ein fürstliches Gehalt, eine angenehme Umgebung und keine nervigen Kollegen: Was hier klingt wie die Berufsbeschreibung eines Geografielehrers in einem sonnigen Winkel des Bayerischen Waldes, ist der tatsächliche Inhalt einer Stellenanzeige, die die Tourismusbehörde des australischen Bundesstaates Queensland im Jahr 2009 weltweit ausschrieb. Gesucht wurde ein »Hüter der Inseln«, der nichts anderes zu tun hatte, als ein halbes Jahr auf der tropischen Insel Hamilton Island in einer luxuriösen Villa zu leben, ab und an – natürlich für lau – zu den umliegenden Inseln zu schippern und ein Fototagebuch einzurichten. In diesem hatte der Inselhüter einfach darüber zu berichten, wie fantastisch der Job doch sei, zu dem übrigens – beinahe nicht der Rede wert – noch ein Gehalt von achtzigtausend Euro gehörte.

Gerüchteweise war zu vernehmen, dass sich kein einziger Geografielehrer aus dem Bayerischen Wald für die Stelle beworben hat, doch dies musste *Tourism Queensland* nicht weiter irritieren. Insgesamt nämlich meldete sich die durchaus rekordverdächtige Anzahl von vierunddreißigtausend Bewerbern aus aller Welt. Diese mussten im Internet jeweils ein kurzes Video veröffentlichen, in dessen Verlauf sie erklärten, warum sie der ideale Kandidat für diesen Job seien. Es gab dabei durchaus einige originelle Bewerbungen: Von »Ich bin jung, ich brauche das Geld« über »Meine Mutter zwingt mich zu dieser Bewerbung, bitte helfen Sie mir« bis hin zu »Ich stamme in direkter Linie von Jesus ab – Sie können mich nicht ablehnen« war so ziemlich alles Vorstellbare dabei. Gewinner wurde schließlich der vierundzwanzigjährige Brite Ben Southall, ein blondgelockter Grimassenkönig, der auch noch seine Freundin nachkommen ließ.

Seine Arbeitsbelastung hielt sich – wie bereits angedeutet – in Grenzen. Sein Brötchengeber verlangte von ihm lediglich, er solle doch bitte schön täglich ins Internet hinausposaunen, wie großartig sein Job sei, was er an diesem Tag schon alles unternommen habe und wie rattenscharf das Wetter sei. Zu garnieren war die Prozedur mit täglich ein paar neuen Sehnsuchtsfotos, wobei es aus marketingtechnischen Gesichtspunkten nie schaden konnte, blaues Wasser, weißen Strand, das strahlend weiße Gebiss des glücklichen Gewinners und seine durchaus attraktive Freundin im Bikini abzulichten.

Denn darum ging es letztlich natürlich: Um Werbung für die Whitsunday Islands, von denen Hamilton Island nur eine Insel ist und von denen die Provinz Queensland glaubt, dass sie noch ein paar Touristen mehr vertragen könnten. Im Übrigen hatte der Insel-Hüter natürlich auch etliche wichtige Aufgaben: So war es beispielsweise absolute Pflicht, einmal an jedem (!) Tag nachzusehen, ob sich nicht ein Blatt (!!) oder gar mehrere Blätter (!!!) von einem der dort angesiedelten Bäume gelöst haben könnten und nun den zur Luxusvilla gehörenden Swimmingpool verunreinigten. Zugegeben – bisschen stressig, aber der wackere Ben meisterte auch diese Prüfung.

Doch auch Sunnyboy Ben musste schließlich leid- und schmerzvoll erfahren, dass im Leben nichts perfekt ist. Beim Schnorcheln nämlich wurde er von einer zwar kleinen, aber enorm giftigen Qualle gepiekst – dergestalt, dass er in der mutmaßlich schönsten vorstellbaren Umgebung beinahe seinen mutmaßlich schönsten Job der Welt nicht hätte zu Ende machen können. Um ein Haar hätte ihn nämlich Gevatter Tod zu einem Traumtrip zwischen die Korallen gebeten. Doch Ben hüpfte dem grimmen Schnitter noch mal so eben von der Schippe, schluckte ein paar Tage Antibiotika und schuftete quietschfidel bis zum Ende seiner sechsmonatigen Leidenszeit weiter. Und *Queensland Tourism* hatte das erreicht, was mit dieser Stellenanzeige beabsichtigt war: Auf der ganzen Welt sprach man über den Job und damit auch über jene bis dato weitgehend unbekannten Inseln am Rande des Great Barrier Reef: genialer Marketingtrick.

Gefahr: * (Wäre da nicht die kleine, gemeine Qualle gewesen, hätte es gar keinen Stern gegeben.)
Langeweile: * (Ben hatte eine Villa, eine Yacht zur Verfügung, durfte Hubschrauberrundflüge ordern, und seine Freundin war da. Wetter war toll, Strand zu Fuß erreichbar, Wasser warm, und ab und zu konnte man Boote vorbeischippern sehen ... Noch Fragen?)
Seltenheit: ***** (Gab's wohl nur einmal, gibt's nie wieder.)
Ekelfaktor: * (Nur diese fiese kleine Qualle ...)
Neidfaktor: ***** (Nennen Sie mir einen Menschen, der Ben Southall nicht um diesen Job beneidet, und ich zeige Ihnen den Messias.)

Partytester

Dass Party nicht gleich Party ist, wissen Sie spätestens, seit sich die als rauschende Ballnacht angekündigte Megasause beim Kollegen als verklemmter Ringelpietz mit Anfassen im holzgetäfelten Partykeller entpuppte. Sie wissen schon, jene Veranstaltung, bei der Irene aus der Buchhaltung vergeblich versuchte, mit Streichhölzern sämtliche Stellungen des Kamasutra nachzulegen, was dort bereits als stilbildendes Entertainment betrachtet wurde.

Unvergessen auch jene Disco-Fox-Nacht, zu der Sie von scheinbar attraktiven jungen Menschen gelockt wurden, um dort entsetzt festzustellen, dass sich eine füllige Wasserstoffblondine im azurblauen Strampler abwechselnd darum bemühte, für die heißesten Partyhits der Achtziger und für einen stattlichen Berg von Tupperware-Schüsseln geeignete Abnehmer zu finden.

Und um dem Ganzen noch die Krone aufzusetzen, sollte man sich bei jeder mit Blumenmustern versehenen Einladungskarte daran erinnern, welche grauenhaften, an Traumata grenzenden Erinnerungen man mit sich herumschleppt, weil seinerzeit im Hobbykeller des coolen Ralle Flaschendrehen gespielt wurde. Damals, als die wilde Erika ihren selbst gestrickten Zwei-Meter-Schal als Lasso benutzte. Brrrr.

Was wir damit sagen wollen? Nun – überfliegen Sie doch einfach noch einmal den ersten Satz unseres Textes und wiederholen Sie ihn als Mantra: Party ist nicht gleich Party. Und weil das so ist und weil jeder das weiß und weil es dennoch immer wieder Menschen gibt, die beim Veranstalten einer Party so ziemlich alles falsch machen, was man nur falsch machen kann – aus diesen Gründen gibt es den ultracoolen Job des Partytesters.

Um es gleich vorwegzunehmen und zarte Blütenträume im Keim zu ersticken: Den Beruf des Partytesters gab es in unseren Breiten bisher offiziell erst ein Mal, und es wird ihn möglicherweise auch nicht so schnell wieder geben. Wenn er aber noch einmal ausgerufen wird, dann sollten Sie in der allerersten Reihe derer stehen, die den Finger heben, wenn es heißt: Freiwillige vor.

Zum ersten und bislang einzigen Mal wurde dieser Job von der Firma Bacardi im Juli 2009 ausgeschrieben. Gesucht wurde die perfekte Party, und ein Glücklicher/eine Glückliche durfte sich an zwölf Wochenenden zwischen August und Oktober auf die Suche machen. Pro Reiseeinheit sollten zwei Partys getestet werden, was nahelegte, dass es jede Menge knackiger Saturday Nights gab. Als »Aufwandsentschädigung« wurde das bescheidene Monatssalär von fünftausend Euro entrichtet, allerdings natürlich nur für drei Monate. Zusätzlich gab's eine einmalige Reisepauschale von ebenfalls fünftausend Euro, was jedoch angesichts der explodierenden Preise im Personennahverkehr die Beförderung via Erster Klasse praktisch unmöglich machte. Ein echter Minuspunkt.

Der ideale Kandidat, der nach langen Mühen tatsächlich gefunden wurde, sollte zwischen einundzwanzig und fünfunddreißig Jahre alt sein und möglichst schon Erfahrungen als Fotograf oder Party-Promoter mitbringen. Ebenso gefragt waren journalistische Grundkenntnisse, und natürlich sollte der coole Partybummler auch wissen, wie man eine perfekte Party feiert. Zusätzlich sollte er das Credo der Firma Bacardi, »Verantwortungsvoller Genuss ab achtzehn Jahren«, promoten und darauf achten, dass auf der jeweiligen Veranstaltung keine saufenden Dreizehnjährigen ihrer komatösen Premiere harrten, wie es auf Feuerwehrfesten landauf, landab mittlerweile schon guter Brauch ist.

Darüber hinaus hatte der Proband die Partys höchstselbst auszuwählen, seine Route eigenständig zu planen und auch noch etliche Messungen vorzunehmen. So musste beispielsweise die Lautstärke der Musik ermittelt werden, was uns spontan an jene legendäre Feier im Jugendheim zu Oberniederdorf erinnert, in deren Verlauf sich mehrere ältere, aus Ostdeutschland stammende Mitbürger an die Bombennächte von Dresden erinnert fühlten. Ach, süßer Vogel Jugend!

Gefragt waren auch Umfragen unter den Partygästen sowie die Dokumentation der Partys auf Fotos und Videos. Schließlich und endlich sollte der Partytester – und da wurde es zur echt harten Schufterei – Testberichte verfassen und seine Fotos und Videos auf der Website *www.dieperfekteparty.de* veröffentlichen.

Gefahr: ** (Bleierne Müdigkeit und das Risiko, unglaublich dämlichen Menschen in einer unglaublich furchtbaren Umgebung auf einer grauenhaft schrecklichen Veranstaltung zu begegnen. Ein Job, nicht ohne Tücken ...)

Langeweile: (Nee – also bitte ...)

Seltenheit: **** (Amerikanische Lifestyle-Magazine beschäftigen angeblich tatsächlich den einen oder anderen Partytester, doch in Mitteleuropa ist das noch eine echte Kuriosität.)

Ekelfaktor: ** (Vor allem dann, wenn Betrunkene sich abwechselnd verbal und real auskotzen, kann es unangenehm werden.)

Neidfaktor: **** (Feiern bis zum Abwinken und dafür noch bezahlt werden? Wer möchte sich nicht mal wie Paris Hilton fühlen? Na gut, jeder denkende Mensch. Alle anderen ...)

Star-Doppelgänger

Nehmen wir mal an, Sie sähen aus wie Udo Jürgens. Ja, Sie haben recht – warum gleich das Schlimmste befürchten. Also gut – noch einmal: Nehmen wir an, Sie sähen aus wie Guido Buchwald. Kennen Sie nicht? Der gute Guido war dereinst ein gefeierter Nationalkicker mit einem Gesicht wie ein versehentlich unter einem Wischmopp begrabener Breitmaulfrosch. Wenn man so aussieht, ist das weder gut fürs Selbstwertgefühl noch für die Akzeptanz bei jenen mitleidslosen Menschen, die wir in unserer Kindheit als »Klassenkameraden« und später als »Arbeitskollegen« bezeichnen.

Was also tut jemand wie Guido, um dem Fluch seiner Optik möglichst langfristig zu entfliehen? Ganz einfach: Er wird berühmt. Was glauben Sie, welchen Schicksalspfad Mike Krüger betreten hätte, wäre ihm nicht das Talent in die Wiege gelegt worden, sinnfreie Lieder zu schmettern? Oder Peter Maffay? Oder Dieter Bohlen ... oje ... Dieter Bohlen. Nein, sich dessen Schicksal auszumalen, ist einfach zu grausam. Das machen wir hier nicht. Am Ende lesen noch Kinder mit.

Sie sehen also – Personen von der traurigen Gestalt müssen einfach zu Persönlichkeiten von einiger Prominenz werden, um dem grausamen Spott der Lästermäuler zu entgehen. Doch für all jene, die ebenfalls übel aussehen, die es jedoch niemals auf die Titelseiten von Hochglanzmagazinen bringen, all jene, bei denen freiwilliges Ausziehen für ein Schmuddelmagazin nicht infrage kommt – für all diese unschuldig der Hässlichkeit Preisgegebenen gibt es nur eine einzige Hoffnung: Sie sollten einem jener Entstellten möglichst ähnlich sehen, der seine Visage grinsend in jede Kamera hievt, weil er unter ästhetischen Gesichtspunkten zwar nur Minuspunkte einheimsen kann, aber dennoch von Hunderten leitbildloser Teenager beiderlei Geschlechts angehimmelt wird. Weil er/ sie eben in irgendeiner Form prominent ist.

Lassen Sie es uns so erklären: Wenn Sie heutzutage aussehen wie die britische Königin, dann ist dies zwar auf den ersten Blick ein grauenhaftes Schicksal, doch können Sie dadurch ziemlich viel Geld verdienen. Denn Doppelgänger von Stars und Sternchen sind weltweit gefragt: Sie werden bei Firmenfeiern, Werbekampagnen, Modeljobs oder Privatpartys eingesetzt, treten für Tribute-Bands als Freddie-Mercury- oder Mick-Jagger-Doubles auf (denken Sie ruhig an die Extreme), lassen sich bereitwillig mit prolligen Normalos fotografieren und versuchen dabei, dem Vorbild in Mimik und Gestik so nahezukommen wie irgend möglich.

Klingt im Prinzip nach einem traumhaften Job, zumal man – wenn man beispielsweise aussieht wie Bill Clinton – ständig mit einem anzüglichen Grinsen fette Zigarren zugesteckt bekommt und eigentlich nichts wirklich Anstrengendes zu erledigen hat. Andererseits jedoch sind die Arbeitszeiten ganz und gar nicht planbar, und auch die Perspektive ist eher vom Zufall dominiert.

Kommen wir noch einmal auf den eingangs erwähnten Guido Buchwald zurück. Bei der Fußball-Weltmeisterschaft 1990 war der Mann mit der ausgeprägten Kauleiste noch in aller Munde und auf jedem zweiten Werbeplakat für Baumärkte und Trockenhauben zu bestaunen – heute kennt ihn kaum noch jemand. Traurig, aber wahr.

Oder nehmen wir Inge Meysel. Einst galt sie als Mutter der Nation, und ab einem gewissen Alter hoffte jede alte Dame, diesen Look auch mal hinzubekommen. Mittlerweile ist die

Gute einfach tot. Wie soll denn jetzt ein Inge-Meysel-Double noch ein vernünftiges Einkommen erzielen?

Wer interessiert sich heute noch für das Ebenbild von Johannes Paul II.? Nur Jopi Heesters ernährt seine Doppelgänger angeblich schon in der fünften Generation. Brav, Jopi. Tanz für uns.

Und genau das ist die Krux am Doppelgänger-Job: Entweder stirbt der Promi einfach weg, oder er verliert seinen Status und ist plötzlich nur noch bei Insidern prominent. Dann ist man als sein Doppelgänger in einer blöden Lage. Erschwerend kommt hinzu, dass man mit der Ähnlichkeit auch kein Geld mehr verdienen kann, was uns zu dem pädagogisch ungemein wertvollen Ratschlag bringt, neben der Beschäftigung mit den Grimassen von Boris Becker auch noch etwas Anständiges zu lernen.

Gefahr: * (Womöglich interessiert sich kein Schwein für Ihr wahres Ich. Wenn Ihnen das zu riskant ist, sollten Sie sich schleunigst wieder anders frisieren.)

Langeweile: *** (Mag eine Weile nett sein, ständig für jemand anderen gehalten zu werden, aber stellen Sie sich bloß mal vor, Sie müssten vierundzwanzig Stunden am Tag Henry Maske verkörpern. Ehrlich – das ist so öde, das bringt Sie um.)

Seltenheit: ** (In den Vereinigten Staaten gibt es rund fünfhundert lizenzierte Elvis-Doppelgänger. Der Trend kommt allmählich auch bei uns an ...)

Ekelfaktor: * (Ständig sprechen zu müssen wie Nina Hagen, Auto zu fahren wie Michael »das Kinn« Schumacher oder beim Blick in den Spiegel immer wieder Guido Westerwelle zu sehen – da kann normalen Menschen schon mal speiübel werden. Professionelle Doppelgänger sind allerdings daran gewöhnt.)

Neidfaktor: **** (Ob Ihnen den Job jemand neidet, hängt vor allem vom Glamourfaktor ab. Es gibt Prominente, da möchte wirklich niemand ein Double sein.)

Abrissspezialist

Damals im Sandkasten: Das waren noch Zeiten. Da hatte man gerade eine wunderbare Sandburg fertig gestellt, mit filigranen Türmchen, einer anmutigen Balustrade und zierlich angedeuteten Schießscharten. Und dann knallte die Plastikschaufel des kleinen Konstantin mit Schmackes auf die wuchtigen Mauern. Mutwillig, gnadenlos und mit jener enthemmten Rücksichtslosigkeit, zu der nur Kinder fähig sind, die Herbert Grönemeyer bekanntlich einst an die Macht lassen wollte. Und so prügelt Konstantin weiter auf das Jahrhundertbauwerk des kleinen Fritzi ein, lässt seiner Frustration, seiner Wut und seinem angestauten Zorn freien Lauf, brüllt seine Aversion, seine Aggressivität frank und frei hinaus in die öde Wildnis, die man hier in Celle-West als Kindergarten bezeichnet, und verspürt alsbald jenes Gefühl, das er als Erwachsener dereinst »Entspannung« nennen wird. Über Fritzi wollen wir an dieser Stelle kein Wort verlieren – es mag der Hinweis genügen, dass er seitdem an Asthma leidet und die Vorsilbe »kon« seinen Körper zucken lässt: Konditorei, Konstantinopel, Konsequenz – Fritzi zittert wie eine belgische Pappel bei Nordwind. Und alles nur wegen Konstantin.

Tatsächlich ist die normative Kraft des Destruktiven bei ausgesprochen vielen Menschen eine verlockende Alternative zum geregelten Alltag. Mittlerweile gibt es eine ganze Reihe von Firmen, die sich darauf spezialisiert haben, dem mit Randlosbrille geschmückten Edeka-Filialleiter die Möglichkeit zu bieten, mittels Abrissbirne und Vorschlaghammer endlich mal die viel zitierte Sau rauszulassen. Da darf auf verbeulte Autowracks, auf schrottige Wellblechhütten oder auch mal auf ruinöse Altlasten der Wiedervereinigung eingeprügelt werden, als gäbe es kein Morgen mehr. Als Schauplätze dienen Bauschuttdeponien oder Industriebrachen – je nach dem zur Verfügung gestellten Gerät blecht der Möchtegern-Rambo zwischen zehn und fünfzig Euro für das Ausleben seiner zerstörerischen Triebe. »Sie werden sich fühlen wie ein neuer Mensch«, wirbt eines dieser Unternehmen auf seiner Homepage, und ein anderes gibt sich gleichermaßen volksnah wie philosophisch: »Wo rohe Kräfte sinnlos walten, da steckt jede Menge Spaß drin.« Wie sinnig. Wie witzig. Und wie wahr.

Doch diese hobbyesken Zerstörungen um ihrer selbst willen sind natürlich längst nicht der wahre Jakob. Der Hammer hängt dort, wo man ihn beruflich schwingt, und so gibt es keinen Nachwuchsmangel bei den Abrissspezialisten auf unserem Globus. Kein Wunder, ist die Spezies Mensch doch ohnehin auf Zerstörung gepolt.

Um Experte im Abreißen zu werden, muss man allerdings zunächst Experte im Bauen sein. Ist zwar lästig und zeitraubend, aber auch nachvollziehbar, denn nur wenn man weiß, welche Stütze welchen Gebäudeteil trägt, welche Wand im Sturzflug dafür sorgt, dass eine ganze Halle sich auf die Seite legt, kann man den Job gut und sicher erledigen. Und damit kommen wir schon zum desillusionierendsten Teil unserer Schilderung: dem Sicherheitsaspekt. Denn bedauerlicherweise haben die Abrissprofessionals kaum noch Interesse an Handarbeit, schwingen nur noch in seltenen Ausnahmefällen mit den eigenen Schwielpranken den schweren Vorschlagotto und tragen sogar Helme, wenn die Arbeit beginnt.

Aber der Reihe nach: Abrissexperten beginnen ihre Ausbildung bei einer Abrissfirma – das liegt irgendwie auch nahe –

und durchlaufen dann ein »Training on the job«. Dazu gehört Sicherheit vor Ort (gähn), Unfallverhütung (ächz), Sicherheit von Personen (pffff), die Kontrolle auf Vorhandensein von Asbest und Blei (hrmpf) und sogar die Vermeidung von übermäßigem Lärm (Och rö jetzt – echt?). Der Auszubildende lernt auch, wie man den Ausbruch von Feuern verhindert und was man tut, wenn es doch anfängt zu brennen.

Egal – zurück zum Thema: In dieser frühen Phase darf der Azubi der Zerstörung (Toller Titel, was?) noch keine Maschinen bedienen und erst recht keine Ladung Dynamit zünden. Nicht mal eine klitzekleine. Nicht mal ein einziges Stangerl. Nicht mal im eigenen Spind. Sorry. Dieses herrliche »Rabumms-Gefühl«, das für eine so anheimelnde Hebung der Magendecke sorgt, ist nämlich den Spezialisten vorbehalten. Die haben erstens viel Erfahrung mit Kawumm und Rummboing und zweitens die entsprechende Ausbildung. Irgendwann aber – versprochen – darf auch der kleine Konstantin endlich an die Zündschnüre. Nur gemach.

Vor dem Abriss müssen die Arbeiter ermitteln, welche Materialien ans Tageslicht befördert werden, wenn der große Knall Geschichte ist und der Staub sich verzogen hat. Stellen wir uns doch einfach mal vor, das Unternehmen hätte den Auftrag bekommen, eine Betonmauer in einem ukrainischen Weiler namens Tschernobyl zu entfernen. Sehen Sie – in diesem Fall kann's nicht schaden, wenn man sich vorher schon mal mit dem Nachher beschäftigt und entsprechende Maßnahmen einleitet. Zudem werden natürlich diverse Vorkehrungen getroffen, um den Staub möglichst in Schranken zu halten, was zwar ein bisschen schade für all diejenigen ist, die gerade auf solche *special effects* abfahren, ansonsten jedoch eine durchaus gesundheitsfördernde Wirkung hat. Auch ist es nach Abwägung aller bekannten Fakten keine reine Freude und zeugt von einem gering ausgeprägten Verantwortungsbewusstsein, wenn man in unmittelbarer Nachbarschaft eines gut frequentierten Kindergartens eine aus reinem Asbest bestehende Altbaudecke in einatemtaugliche Einzelteile pulverisiert. Das wird einem nicht gedankt, und deshalb muss man als Profiabreißer eben dafür sorgen, dass die besagte Decke praktisch am Stück und gut verpackt herunterkommt.

Nehmen wir also mal an, unser Abreißer in spe hat sich mit all diesem theoretischen Wissen eingedeckt, seine Ausbildung abgeschlossen und sich mit einigen Zerstörungen *en miniature* bereits den Ruf eines zuverlässigen Kaputtmachers erworben. Dann lässt man ihn vielleicht mal den einen oder anderen »Bigfoot« bedienen – einen Bagger oder Kran mit der entsprechenden Abrissbirne. Das rummst dann schon ganz ordentlich, da werden Stahlstreben zu Strohhalmen, da kapituliert die betonierte Wand wie die Beatles einst vor Yoko Ono.

Und nach vielen, vielen Jahren dann kommt der einstmals kleine Konstantin endlich ans Ziel seiner Träume und Wünsche. Er darf es krachen lassen. Um allerdings ein Gebäude gepflegt in die Luft zu jagen, reicht es nicht mehr, einfach nur den Fritzi zum Weinen zu bringen. Dazu ist exakte Planung und jede Menge Vorarbeit vonnöten: Der Sprengstoffspezialist muss die richtige Ladung an der exakt passenden Stelle im Gebäude setzen, möglicherweise noch die eine oder andere Stützmauer entfernen und vorher schon ganz genau bestimmen, wohin der Trümmerhaufen kippen soll. Wäre doch sonst schade um den bereits erwähnten Kindergarten. Zu beachten gilt es außerdem, dass unter dem Gebäude auch Stromleitungen oder Abwasserkanäle liegen könnten, die durch die Explosion tunlichst nicht beschädigt werden dürfen. Zum einen könnte das die dort lebenden Alligatoren aufschrecken, die von ihren gelangweilten Ex-Besitzern herdenweise durch die Toiletten gespült wurden, zum anderen sorgt ein langfristiger Stromausfall neun Monate später für einen spürbaren Anstieg der Geburtenrate. Ist der Kindergarten dafür ausgelegt? Na also.

Lassen Sie uns an dieser Stelle ein abschließendes Fazit ziehen. Der Weg zu jenem Tag, an dem Sie es so richtig krachen lassen können, ist lang und beschwerlich und mit einer nur mühsam verdaulichen Mischung aus körperlicher Schwerstarbeit und intensiver Theorieschulung verbunden. Aber wenn Sie früher mal wie der kleine Konstantin waren, könnte es sich trotzdem lohnen.

Gefahr: *** (Lassen Sie den Helm auf, hantieren Sie nicht mit offenem Feuer, wenn irgendwo Sprengstoff herumliegt, spielen Sie mit Arbeitskollegen nicht das lustige »Fangden-Semtexball-Spiel«, halten Sie den Bagger von Ihrem Auto fern ... Und so weiter. Wenn Sie alle Ratschläge beachten, leben Sie lange und in Frieden.)

Langeweile: (Es mag an uns liegen, die wir uns ständig nur mit Buchstaben beschäftigen, dass wir vom Kaputtmachen so fasziniert sind. Wir können uns einfach nicht vorstellen, dass das jemals langweilig werden könnte.)

Seltenheit: ** (Rund sechshundert echte Abrissexperten gibt es in Deutschland. So richtig selten ist das wohl eher nicht.)

Ekelfaktor: (Zuweilen kommen unerfreuliche Dinge ans Licht, wenn man die Trümmer wegräumt. Aber dann ist der Sprengmeister meistens schon weg.)

Neidfaktor: **** (Ja, ja, ja – wir geben es zu. Wäre die langjährige Ausbildung nicht so anstrengend, könnten wir uns für diesen Job begeistern. Ja, wir sind neidisch. Sie auch?)

Computerspiele-Tester

*W*issen Sie, was ein Nerd ist? Nein? Okay – das Wort stammt laut Wikipedia möglicherweise vom Rückwärtslesen des Wortes »drunk« (engl. betrunken), also: »knurd«. Der Begriff soll sich auf College-Absolventen beziehen, die sich gezielt dem Studium widmeten, statt Partys zu feiern, was sie per se natürlich zu absonderlichen Kreaturen machte. Aus »knurd« wurde im Laufe der Zeit »nerd« – das »kn« am Wortanfang wird im Englischen »n« ausgesprochen – und damit stand die Bezeichnung für den nervigen Außenseiter, der sich zwar an der Tastatur blendend zurechtfindet, aber keinen Schimmer vom wahren, prallen Leben hat.

Als Prototyp eines Nerds, also sozusagen als der Stammvater des modernen Sonderlings, gelten jene Freaks, deren Leben sich schon in den Zeiten des C64 in erster Linie vor dem Bildschirm abspielte. Während wir normalen Teilzeit-User noch Monitor-Tennis mit zwei Strichen und einem flimmernden Viereck spielten, das als Ball zu verstehen war, nahmen sie bereits die Prozessoren auseinander, brabbelten geheimnisvolle Sentenzen zur Programmiersprache und verkündeten unheilvoll den Beginn des digitalen Zeitalters, dessen Gralshüter sie dereinst sein würden.

Die Tatsache, dass sie mit dem digitalen Zeitalter irgendwie recht hatten, hinderte uns andere allerdings nicht daran, diese Typen weiterhin nervig zu finden und mit allen uns zur Verfügung stehenden Mitteln auszubremsen. Von wegen »Gralshüter« – wir sorgten dafür, dass sich Sekundärtugenden wie Fachwissen oder Kompetenz auch in der schönen neuen Computerwelt niemals entscheidend durchsetzen konnten, sondern hielten an den bewährten Aufstiegsprinzipien fest: Schleimerei, Beziehungen und Ellbogen. Auf diese Weise kann bekanntlich nichts schiefgehen, und deswegen werden die großen Softwareunternehmen heute zumeist – wohlgemerkt: nicht immer – von Typen dominiert, deren Väter uns in den Siebzigerjahren sinnlose Versicherungspolicen andrehten. Sie haben allesamt Betriebswirtschaft und/oder Jura studiert und sehen mit ihren gegelten Haaren aus wie oberfränkische Freiherren im Ex-Ministerrang.

Und die Nerds von damals? Sind immer noch dieselben kaputten Typen mit verfilzten Haaren, seltsam dünnen Bärtchen und Ärmchen, hocken zumeist allein in durchgewetzten Sesseln ohne Armpolster, balancieren Tastaturen auf spitzen Knien, greifen ab und an in Kartoffelchipstüten und blicken durch dicke Brillengläser starr in jene Parallelwelten, die von den Kanten des Monitors eingefasst werden. Ihre natürliche Umgebung stellen wir uns düster und irgendwie bedrückend vor. Umso überraschter sind wir, wenn wir einzelne Exemplare dieser »lost species« irgendwo in einem lichtdurchfluteten Großraumbüro entdecken. Noch immer murmeln die Nerds seltsame Satzfetzen, beschwören den Cyberspace und ducken sich ängstlich weg, wenn sie mit Anforderungen der schnöden Realität konfrontiert werden. Denn – und damit kommen wir zum eigentlichen Kern unserer Ausführungen – viele von ihnen verdienen sich ihr Geld bis zum heutigen Tag als Tester von Computerspielen.

In der Frühphase der digitalen Ära gab es noch keine Tester. Stattdessen kümmerten sich die Programmierer selbst um Fehler und Bugs und ließen niemanden an ihre »Babys« ran, bevor das Produkt auf dem Markt war. Heute hingegen werden neue Spiele erst veröffentlicht, wenn professionelle

Computerspieler sie auf Herz und Nieren geprüft haben. Umstritten ist allerdings, wie die Softwarehersteller auf diesen Trichter gekommen sind. Einige sprechen davon, dass die profitorientierten Moneygeier plötzlich gründlicher arbeiten und seriös getestete Programme an den Mann bringen wollten. Diese Theorie ist jedoch so absurd, dass sie selbst unter dem Deckmäntelchen der Satire als abstoßend und lächerlich empfunden wird. Viel wahrscheinlicher klingt die zweite Theorie, die besagt, dass zahlreiche Spielehersteller in den Kellern ihrer hypermodernen Kult- und Kommerzschmieden nach und nach einen ganzen Haufen komischer Typen mit dünnen Bärtchen und Ärmchen entdeckten. Man musste feststellten, dass diese Typen sich schon seit Mitte der Achtzigerjahre dort aufhielten und plan- und sinnlos vor sich hin spielten. Zwischenzeitlich hatten sie in Eigenregie aus Pacman die Super Mario Brothers entwickelt – und sie waren von geradezu unglaublicher Anspruchslosigkeit. Und weil moderne Softwareproduzenten gelernt haben, in Gewinnmargen und Effizienzstrategien zu denken und zu kalkulieren, kauften sie tonnenweise Kartoffelchips in handlichen Tüten, machten aus etlichen lichtdurchfluteten Büros im siebzehnten Stock mittels grünlicher Vorhänge düstere Grüfte und ließen die Game-Combo das tun, was sie am besten kann: spielen.

Die Nerds probieren seitdem jedes Spiel aus bis zum Exzess, testen jede Figur, jedes Level, jeden Bonus und jede wie auch immer geartete Anforderung für den späteren Nutzer. Dazu müssen sie ein und dasselbe Spiel tagelang immer wieder spielen und es sogar in Kauf nehmen, dass sie dabei auf Video aufgezeichnet werden, damit man anschließend sämtliche Aktionen nachvollziehen kann. Im offiziellen Sprachgebrauch wird behauptet, die Analyse werde zur Qualitätssicherung durchgeführt und sorge für ein wichtiges Feedback über Design und Schwierigkeiten eines neuen Spiels. Die Tester an der Chipstüte müssen zudem ausprobieren, mit welchen Sound- und Grafikkarten die jeweiligen Spiele laufen, und sollten auch noch die gesetzlichen Bestimmungen im Auge haben: Urheberrechtsverletzungen nämlich werden auch in der Software-Industrie längst nicht mehr als Kavaliersdelikt behandelt. Und wer könnte besser feststellen, ob es eine bestimmte Figur in einem anderen Kontext womöglich schon einmal gab, als einer, der sein Leben lang praktisch nichts anderes tat, als Computerspiele zu spielen?

Eines allerdings musste man den Nerds sehr mühsam beibringen: Wenn sie nicht vom Kartoffelchipsnachschub abgeschnitten werden wollten, mussten sie beginnen zu kommunizieren. Oder schlichter formuliert: Sie mussten lernen, in verständlichen Wörtern und Sätzen zu sprechen. Warum? Nun – wenn ein Tester einen Fehler findet, muss er dies dem Programmierer mitteilen. Und das funktioniert am besten dadurch, dass der eine zum anderen etwas sagt. In der Realität klingt das dann ungefähr so.

Tester: »Du, ey ... äh, du Mensch, du ... ich, äh ... also in deinem megaspacigen ›Cruel Wooga War, Part 27‹ ... also, da haut irgendwie ... äh ... irgendwie klappt da was nich so, du ... äh.«

Programmierer: »Klappt nicht, gibt's nicht. Rede, du schleimige Kröte, du Ausgeburt einer perversen Fantasie, rede!«

Tester: »Ja ... äh, also ... du Typ ... äh – wenn also auf Level 13 die Tussi da, diese ... äh ... scharfe Ische da, diese ... äh ... Sara Kraft dem schleimigen Wubbelmonster mit der tödlichen Todeskralle die eklige Runkelrübe abholzt ... also ... äh ... dann lebt das Mistbiest einfach weiter ... äh ... echt, du ... da musst du noch mal ran, ey ...«

Programmierer: »Okay, du abstoßende Kreatur der Finsternis.

Ich schau's mir an. Und jetzt – husch, zurück in die Dunkelkammer, du Abschaum, du.«

Dieses informative Gespräch unter Gleichgestellten macht den Job erst so richtig rund – wechselseitige Anerkennung und der gegenseitige Respekt vor den Leistungen des jeweils anderen befruchtet die Arbeit an jedem Spiel, das heute neu auf den Markt kommt. Toll, oder?
Auf dem Pfad zum Traumjob gibt es ungeachtet des zumeist hervorragenden Betriebsklimas allerdings einige kleinere Einschränkungen. Der Spieletester steht in aller Regel enorm unter Druck, weil das Datum der Markteinführung schon längst festgelegt ist, die Ratte von Programmierer sich allerdings sehr lange Zeit gelassen hat, um das Produkt endlich testen zu lassen. Bedeutet im Klartext: Vierundzwanzig-Stunden-Schichten über ein paar Wochen hinweg. Aber einem echten Nerd macht das natürlich nur wenig aus. Zudem ist die pekuniäre Vergütung leider eher marginal, Vollzeitstellen sind rar, und Boni werden nicht gezahlt, wenn man von den Chipstüten absieht. Kein Zweifel: In der Hackordnung der Branche stehen die Tester ganz unten, sind sozusagen die Einzeller des Nahrungskreislaufes. Einen Lichtblick am Horizont gibt es immerhin: Nicht wenige der Spielebeschnüffler bringen es im Laufe ihres Lebens zu profunden Fachkenntnissen in der Programmiertechnik und schaffen irgendwann vielleicht den Sprung in die Entwicklungsabteilung. Die Hoffnung stirbt zuletzt.

Gefahr: ** (Tageslicht kann tödlich sein, und möglicherweise haben professionelle Spieletester irgendwann Probleme, mit so abartigen Dingen wie der Realität zurechtzukommen. Aber mal abgesehen vom Verlust der psychischen Gesundheit ist bei diesem Job nichts wirklich riskant.)

Langeweile: * (Kommt auf die Sichtweise an: Ein Nerd wird diesen Job lieben und niemals für langweilig halten. Wir schon.)

Seltenheit: * (Es gibt Tausende von ihnen, aber da sie selten nach draußen kommen, sieht man sie kaum. Irgendwie unheimlich.)

Ekelfaktor: ** (Die Luft in den Teststudios riecht nach den üblichen Wochenschichten etwas streng, was möglicherweise durch die handelnden Personen verursacht wird.)

Neidfaktor: * (Siehe auch unter »Langeweile«: Jeder Nerd wird diesen Beruf für einen Traumjob halten und andere Nerds glühend darum beneiden. Wir nicht.)

Kapitel 8

Jobs, die jeden Rahmen sprengen

Die Jobs in diesem Kapitel sind so verrückt, dass sie in keine Kategorie passen. Dazu gehören zum Beispiel Puppendoktoren, Hersteller von Wachsfiguren oder *Mystery Shopper*, die heimlich den Service in Geschäften und bei Dienstleistern testen.

Mystery Shopper

Es gibt Fragen, die will man einfach nicht hören. Bei Männern steht »Schatz, bin ich zu dick?« ganz weit oben auf der Hitliste der furchtbarsten Erkundigungsversuche – dicht gefolgt vom scheinbar unvermeidlichen: »Was denkst du gerade?« Frauen können hingegen mit »Glaubst du wirklich, dass dir das steht?« und »Soll ich für dich einparken?« vergleichsweise wenig anfangen, was die viel zitierte These widerlegt, dass es nur dumme Antworten, nicht aber dumme Fragen gäbe. Quatsch.

Im Übrigen gibt es eine Frage, die beide Geschlechter häufig gleichermaßen unangenehm finden, wobei viel davon abhängt, wann sie gestellt wird. Sie kann grauenhaft nervig und aufdringlich rüberkommen, doch manchmal sehnt man sich auch nach ihr wie ein Verdurstender nach Wasser in der Wüste. Haben Sie's schon erraten? Nein? Die Rede ist natürlich vom unvermeidlichen: »Kann ich Ihnen helfen?«

Nehmen wir mal an, Sie kommen gerade durch die Tür einer teuer aussehenden Boutique, haben rein zufällig ein paar Scheine in der Tasche und sind in der »Ich-gönn-mir-mal-was«-Laune. Noch bevor Sie sich ein wenig umschauen können, stürzt aus dem Hintergrund der hippen Bude mit violettem Trendanstrich eine stark geschminkte Hannah-Montana-Kopie im angeblich angesagten Glitzerlook und mit grellgrün lackierten Fingernägeln auf Sie zu und quietscht ein schrilles »Kann ich Ihnen helfen?« in Richtung Ihres Solarplexus. Was löst das aus? Einen Aggressionsschub? Einen Farbenrausch? Fluchtreflexe?

Und jetzt fangen wir noch mal von vorne an: Sie betreten denselben Laden, schauen sich in aller Ruhe um, finden das richtige Kleidungsstück, versichern sich bangen Blickes, dass das mitgeführte Bargeld noch ausreicht, wenn die Kreditkarte vor Ihren Augen zerschnitten werden sollte. Jetzt wollen Sie nur eins: erfragen, ob sich das textile Objekt Ihrer shopping-gestählten Begierde auch in Ihrer Größe in den Lagerregalen des erwählten Modetempels befindet. Suchend blicken Sie sich um, spähen hinter Vorhänge, räuspern sich Pickel in die Stimmbänder und wecken mit Ihrem flehend vorgetragenen »Hallooooo – ist da jemand?« sogar die Schaufensterpuppen im benachbarten C&A ... Allein: Es ist niemand da. Niemand kümmert sich, niemand nimmt sich Ihrer an, niemand will die Frage stellen: »Kann ich Ihnen helfen?«

Zugegeben – das war eine lange Hinführung zum Thema, doch wir wollten Ihnen anhand dieses simplen und so vertrauten Beispiels vor Augen führen, wie wichtig eine gute Verkäuferausbildung ist. Es kann von größter Bedeutung für unser aller Wohlergehen sein, wenn das bedienende Personal in Sachen Einfühlungsvermögen nicht mehr auf dem Stand von Jack the Ripper ist. Und um dies zu gewährleisten, wurde der Beruf des *Mystery Shoppers* erfunden – eine Bezeichnung, die zwar romantisch klingt und im Zeitalter von RTL-II-Frauentausch-Doku-Soaps den gemeinen Leser an Mulder und Scully gemahnen mag, in der Realität jedoch eher prosaische Züge trägt. Mystery Shopper werden eingesetzt, um Angestellte zu testen. Sie spielen einen Kunden und wollen einen ganz bestimmten Artikel käuflich erwerben. Wenn der betreffende Verkäufer darauf vorbereitet ist – also entsprechend im Vorfeld instruiert wurde –, hat er nun die Möglichkeit, sein erworbenes Wissen, seine Fähigkeiten und sein hoffentlich

vorhandenes psychologisches Gespür in einer Art Prüfungs-
situation auszubreiten. Anschließend wird der Mystery Shopper zu Protokoll geben, wie er das Auftreten des Getesteten
fand, und der Ausbilder gibt Tipps und Tricks, was noch anders oder besser werden könnte. Das ist die einfache Version,
die häufig auch in Assessment-Centern durchgespielt wird.

Die gemeinere Variante ist jene, bei der Verkäufer oder
Verkäuferin keine Ahnung davon haben, dass sie getestet
werden. Sie halten die Person, die vor ihnen auftaucht, für
einen echten Kunden und merken nicht, dass sie von diesem
später im Detail per Fragebogen bewertet werden. Hier kann
die Frage »Kann ich Ihnen helfen?« – sofern sie im falschen
Moment gestellt wird – zum Fallbeil für die Karriere werden.
Doch kommt sie im richtigen Augenblick und wird sie dann
auch noch mit Fachwissen garniert, dann ist sie möglicherweise das Sprungbrett in den Himmel der Beförderung.

Mittlerweile gibt es die verschiedensten Formen der Mystery Shopper. Zuweilen handelt es sich um Mitarbeiter der
hauseigenen Marketing-Abteilung, in anderen Fällen werden darauf spezialisierte Unternehmen beauftragt. Getestet
werden Boutiquengirlies ebenso wie Fleischwarenfachver-
käuferinnen, angehende Versicherungsvertreter ebenso wie
Sparkassenangestellte, Croupiers in Spielbanken und sogar
scheibenwischende Aushilfskräfte in Autowaschstraßen. Die
Manie des Menschentestens hat mittlerweile durchaus skur-
rile Züge angenommen, denn inzwischen werden Tester von
speziellen Testern schon daraufhin getestet, ob sie so sorg-
fältig testen, dass die Getesteten anschließend auch wirklich zuverlässig als getestet gelten können. Vor allem in der
Finanzdienstleistungsbranche ist diese besondere Form der
Sorgfalt absolut *en vogue*, denn dort geht es beispielsweise
nicht nur um eine Kreditvermittlung, sondern auch um die
korrekte Einhaltung zahlreicher Regeln und Vorschriften, so-

dass die Qualität der Beratung zumeist gleichbedeutend ist mit dem Verkaufserfolg. Oder es zumindest sein sollte.

Reich werden kann man als Mystery Shopper allerdings nicht. Entweder arbeitet man ohnehin in der Marketingabteilung eines großen Unternehmens oder ist dort bei den Controllern angesiedelt – dann gehört diese Form der verdeckten Ermittlung zum Job. Wenn man aber »eingekauft« wird, dann hat man in der Regel keinen festen Arbeitsvertrag, sondern wird von dem entsprechenden Unternehmen in einer Kartei geführt und je nach Auftrag mit Honoraren vergütet, die zwischen zehn und fünfzig Euro liegen. Manchmal darf man die zu Testzwecken erworbene Ware, die natürlich der Auftraggeber bezahlt, auch behalten. Ein Arbeitgeber ist zum Beispiel der Bundesverband Deutscher Markt- und Sozialforscher – der testet auf Anfrage von Firmen.

Übrigens: Bei den Agenturen, die Mystery Shopper vermitteln, sind vor allem äußerlich unauffällige Normalos gefragt, die auf Kommando echt nervig werden können. Menschen wie du und ich, mit anderen Worten.

Gefahr: * (Das hängt von Ihnen ab: Wenn Sie einen reizbaren Verkäufer – hundertfünfzehn Kilo, ehemaliger Bodybuilder, Karate-Ass und vollgepumpt mit Anabolika – mit Ihren Testfragen zur Weißglut bringen, dann könnte es unangenehm werden. Andererseits trifft man solche Typen ja auch täglich in der Straßenbahn.)

Langeweile: **** (Das Problem an diesem Job ist, dass Sie als Mystery Shopper meistens auf einen ganz bestimmten Typ festgelegt werden – beispielsweise »die unsichere Mittelklasse-Hausfrau mit Defiziten beim Technik-Verständnis«. Ein paarmal kann die Rolle ja ganz nett sein, aber stellen Sie sich doch mal bitte vor, Heidi Kabel hätte das ihr Leben lang spielen müssen ...

Seltenheit: ** (Wirklich exklusiv ist der Job schon lange nicht mehr, aber so richtig häufig natürlich auch noch nicht.)

Ekelfaktor: * (Sollten Sie in die Verlegenheit kommen, Leichenwäscher oder Kammerjäger testen zu müssen, könnte es unangenehm werden, aber das geschieht wohl eher selten.)

Neidfaktor: **** (Sie werden dafür bezahlt, anderen Menschen auf die Nerven zu gehen, dürfen deren Reaktion anschließend bewerten und kriegen dafür auch noch Geld. Jeder Schüler träumt von einem solchen Leben.)

Oktoberfestbedienung

*N*ehmen wir mal an, Sie sind optisch eine Mischung aus Veronica Ferres und Marianne Sägebrecht, beherrschen leidlich bis gut das bayerische Idiom, verfügen über eine gewisse Spannkraft im Bizepsbereich beider Arme, sind mit chronisch guter Laune geschlagen und mit einer immens hohen Toleranzschwelle gesegnet. Sie haben keine Probleme damit, dass kleinwüchsige Italiener oder Japaner ständig mehr oder weniger unauffällig versuchen, mit winzigen Digitalkameras unter Ihren Rock zu fotografieren, sind kulturell eher masochistisch drauf, verfügen über Erfahrung im Verdrängen von Wolfgang-Petry- oder DJ-Ötzi-Texten, füllen ein Dirndl im oberen Bereich ordentlich aus und sind zudem auch noch weiblichen Geschlechts – dann, ja dann, könnten Sie sich als Bedienung auf dem Münchner Oktoberfest, zärtlich auch »die Wiesn« genannt, versuchen.

Der zarte Zauber dieses Jobs – es verbietet sich fast, ihn einen »Beruf« zu nennen – liegt zum einen in seiner schlichten Kürze (die zwei Wiesn-Wochen lassen sich bekanntlich auch in chilenischen Kupferminen locker wegstecken, auch wenn der Grad der Verzweiflung im Bierzelt schnell deutlich größere Ausmaße annimmt) und zum anderen im schnöden Mammon: Zwischen zwei- und dreitausend Euro lassen sich als Gehalt für diese Zeitspanne verbuchen – Trinkgelder in ähnlicher Höhe winken den properen Rauschlieferantinnen außerdem.

Holla, die Waldfee, denkt sich da die sonnig-wonnige Traudl

aus dem Hopfenland Hallertau (zwischen Ingolstadt und Regensburg gelegen), die normalerweise in der heimatlichen Pilsbar die Feldfrucht-Version der Femme fatale gibt. Und schon greift sie fürs Zugbillet tief ins klamme Portemonnaie und fürs Abenteuer Großstadt noch tiefer in die Mutkiste und macht sich auf den Weg zum schmucken Wiesn-Zelt. Dessen Wirt stellt man sich in der Hallertau gemeinhin als eine Art jovialen Mafia-Paten mit Gamsbart vor. Schlau wäre es jetzt noch, wenn die Traudl möglichst noch die Christl mitbrächte, denn Wiesnwirte stellen ihre Servicekräfte grundsätzlich nur als Duo ein – wegen der Ausfallgefahr.

Doch jetzt nehmen wir mal an, Christl und Traudl haben Glück gehabt, dürfen in einem solch dezent-dekadenten Ambiente wie dem Armbrustschützenzelt der gediegenen Kundschaft aufwarten und solcherart versuchen, den Kredit für den aufgemotzten Toyota-SUV des in der Heimat die Kühe hütenden Toni in Rekordzeit abzustottern. Was erwartet die beiden Landeier dann eigentlich?

Nun, der Arbeitstag beginnt um halb neun in der Früh mit dem Säubern der Tische und Bänke und dem anschließenden Eindecken. Die erste große Besucherwelle bricht dann gegen elf Uhr *übers Zelt herein*, bricht nach zwei Stunden und fünf Maß Bier *ins Zelt hinein* und nach weiteren zwei Stunden stark schwankend wieder *aus dem Zelt heraus*. Was aber nicht weiter auffällt, da frei werdende Plätze in aller Regel unverzüglich von extrem nach Campingplatz im Münchner Norden müffelnden Skandinaviern oder Wohnmobil-bewehrten Italienern eingenommen werden.

Diese alsbald nicht nur freudetrunkene Klientel verlangt mit der dezenten Nonchalance einer Stalinorgel permanent nach dem bayerischen Grundnahrungsmittel, sodass unsere Traudl ständig im Akkord zwölf oder mehr kiloschwere Krüge durch enge Gänge wuchtet. Bewaffnet nur mit ihrem Charme, den strammen Wadln und einem möglicherweise hilfreichen Schießkugelschreiber zwischen den ausladenden Attributen des bekannten Holzes vor der Hütt'n. Die Begleitmusik zu Traudls Opfergängen in die Diaspora der Manieren liefert in dröhnender Lautstärke eine Stimmungskapelle, deren mit einem armdicken Taktstock bewaffneter Vorturner in regelmäßigen Abständen dem »Prosit der Gemütlichkeit« huldigt und Howard Carpendale für intellektuell überfrachtet hält.

Auf dem beschwerlichen Weg zu den Tischen der Herren wird das Mädel aus der Hallertau von so vielen Schweißhänden betatscht, dass sich findige Kriminologen in den unvermeidlichen Post-Wiesn-Körperverletzungs-Ermittlungen eigentlich nur Traudls feines Stöffchen ausleihen müssten, um sich den Speichelproben-Massengentest sparen zu können. Gegen elf Uhr in der Nacht – Traudl hat bis zu diesem Zeitpunkt die verdammte Pflicht und Schuldigkeit, fröhlich zu sein, knusprig zu wirken und möglichst nicht nach Erbrochenem zu riechen – ist der Arbeitstag dann beendet. Also, wenn das nicht nach einem echten Traumjob klingt ...

Gefahr: **** (4 von 5 Sternen – vor allem für die psychische Gesundheit ist das Risiko immens.)
Langeweile: (Man lernt lauter nette Leute kennen, hört ständig tolle Musik und entdeckt ganz neue Formen des Körperbewusstseins.)
Seltenheit: **** (Denn auch wenn es Oktoberfeste mittlerweile sogar in Peru gibt – das Wiesn-Flair ist einmalig.)
Ekelfaktor: ***** (Nun ja – wer schon knöcheltief in halbverdauten Nahrungsresten gewatet ist, wird wissen, warum es hier fünf Sterne gibt.)
Neidfaktor: *** (Geld ist nicht alles, aber durchaus eine ganze Menge.)

Puppendoktor

Wenn Sie beim Begriff »Puppendoktor« einen schnauzbärtigen Adonis im weißen Kittel vor Augen haben, der einer langbeinigen Blondine gerade sein Stethoskop ins wogende Dekolleté stopft und dabei grinst wie Bert, wenn er Ernie gerade eins ausgewischt hat, dann sollten Sie gar nicht erst weiterlesen. Die Enttäuschung könnte zu groß sein.

Nein, der Beruf des Puppendoktors hat nichts mit jenen Damen zu tun, die in der *Playboy*-Villa leben und sich lustvoll kichernd darüber beschweren, ob ihrer nur marginalen Bekleidung und eines IQ, der außerhalb ihres Biotops als Schwerbehinderung durchgehen würde, zu reinen Sexobjekten degradiert zu werden. Der echte Puppendoktor beschäftigt sich vielmehr mit echten Puppen – mit jenem Spielzeug also, das unseren Kinderchen und Enkelchen so sehr am kleinen Herzchen liegt, dass es kaum zu verschmerzen ist, wenn Barbiechen, Kenchen oder auch das Teddybärchen aufgrund diverser Beschädigungen unrettbar verloren scheinen. Der Puppendoktor wird also alarmiert, wenn das liebste Spielzeug der kleinen Marie aus dem Leim zu gehen droht.

Bevor Sie nun allerdings zum Taschentuch greifen, sich tränenfeucht an »Bärli« oder »Schnuffel«, die einzigen wahren Freunde Ihrer ach so schweren Kindheit, erinnern, dürfen wir Ihnen zu bedenken geben, dass Kinder sich die Dienste eines Puppendoktors nur in den seltensten Fällen leisten können. Dessen pekuniäre Ansprüche nämlich korrespondieren kaum mit den materiellen Möglichkeiten einer traumatisierten Puppenmutter. Oder anders ausgedrückt: Selbst wenn die betreffende Puppenmutter über Monate hinweg ihr Taschengeld hortet, wird sie nicht genügend zusammensparen, um sich Barbie-Doc leisten zu können. Da müssen also die Eltern ran, die mit klammen Fingern im Geldbeutel kramen, um jene Scheinchen zusammenzukratzen, die Mandys großäugiger Klimperulla aus Plastik den vom tumben Josch jüngst operativ entfernten und anschließend zerschredderten Unterarm wiederbringen. Denn viele Puppendoktoren unterhalten tatsächlich großzügig ausgestattete Ersatzteillager, in denen Dutzende von Fabrikaten ihrer Ausschlachtung harren. Ist wie eine Art Schrottplatz, darf aber natürlich niemals mit einem solchen verglichen werden.

Aber auch kleine Schönheitsoperationen stehen auf dem Arbeitsplan der edlen Helfer, ebenso wie die Auffrischung des püppischen Innenlebens, denn nicht wenige jener wunderbaren Wesen aus Kunststoff, Fell und Haaren aus Osteuropa verlieren viel von ihrer Anziehungskraft auf unseren Nachwuchs, wenn sie in Ermangelung ihrer Stroh- oder Kunststofffüllung waschlappenartig daherkommen.

In diesem Zusammenhang darf nicht unerwähnt bleiben, dass Puppendoktoren erst seit wenigen Jahren – zunächst in Amerika, mittlerweile auch bei uns – ein akzeptables Auskommen haben. Allmählich hat sich jedoch der Gedanke durchgesetzt, dass Kinder tunlichst mittels Fernseher und Computerspielen zu sozialisieren seien, dass Gespräche von Eltern zu Kind in ihrer Bedeutung wahrscheinlich gnadenlos überbewertet werden und dass sich Erziehungserfolge mittels Schulnoten messen lassen. Gleichzeitig ist aber die Abhängigkeit des Nachwuchses vom einzigen Gesprächspartner, der nicht permanent durch Werbung unterbrochen wird oder Leistungsnachweise einfordert, enorm gewachsen. Nicht, dass wir uns falsch verstehen: Mit Puppen und Kuscheltieren wurde immer schon gespielt, und immer schon haben Kinder diese für eine Weile als Ansprechpartner und Lieblingsgefährten genutzt. Doch mittlerweile ist aus der Zuneigung für Schnuffi, Bärli & Co. manchmal eine krankhaft übersteigerte Hingabe geworden, die bei Beschädigung oder gar Verlust des Spielzeugs den Einsatz psychologisch geschulter Kriseninterventionsteams notwendig macht.

Die Hauptkunden der Puppendoktoren sind allerdings ohnehin nicht die Kinder. Zum einen gibt es die SuSüSes (die supersüßen Sentimentalen), die sich auch zwanzig Jahre nach dem Verlust von Teddys rechtem Auge noch immer dafür verantwortlich fühlen, ihn aus staubigen Dachbodenregalen herausholen und endlich generalüberholen zu lassen, weil der menschliche Partner – sofern vorhanden – als Zuhörer offenbar noch weniger taugt als der stumme Kummerkasten von einst.

Die wichtigste Kundengruppe für Puppendoktoren sind aber mittlerweile Sammler, die Kollektionen von Stofftieren oder Puppen bestimmter Marken ihr Eigen nennen und mit der manischen Besessenheit von Al-Kaida-Kämpfern die Flohmärkte dieser Welt nach weiteren Exemplaren durchforsten. Sie würden töten für das rote Abendkleid einer 1952er Barbie, sie kämpfen um den Kopf eines Steiff-Teddys aus den Dreißigerjahren so fanatisch wie schwäbische Hausfrauen am Karstadt-Krabbeltisch um das letzte Exemplar eines preisreduzierten Badezimmer-Teppichs im Flipper-Look. Sammler zahlen enorme Summen für originalgetreu restaurierte Liebhaberstücke und die dafür notwendigen Ersatzteile.

Eine Puppenärztin ist Eva-Maria Haschler aus Augsburg (www.puppenklinik-augsburg.de). Bereits ihre Eltern hatten mit Puppen zu tun und unterhielten eine »Puppenkleiderfabrikation«. Dort begann Eva-Maria Haschler vor über vierzig Jahren, Puppenkleider zu entwerfen und ihrer Mutter, ihrerseits ebenfalls Puppendoktorin, bei der Reparatur von Puppen zu helfen. Später kümmerte sie sich dann auch um Teddys und verpflichtete ob des großen Andrangs ihren bis dato unbescholtenen Gatten Harald zur Mitarbeit. Unter anderem führen die beiden Feinreparaturen und Lackierarbeiten durch, heilen eingerissene Plastikköpfe, verhelfen Bärenhäuptern zu einer neuen Fülle oder erneuern Porzellanfüße. Auch Augen in allen Farben und Formen gibt es – für Puppen, Teddys und andere Plüschtiere.

Eine der ältesten Puppenkliniken überhaupt – nämlich über hundert Jahre alt – ist die Puppenklinik von Irving Chais in New York. Seine Patienten kommen aus allen Ländern der Erde.

Nun mögen Sie sich vielleicht fragen, wie wir auf die Idee kommen, den Beruf des Puppendoktors zu einem der begehrenswertesten in unserer Aufzählung zu machen. Ganz einfach: Die Patienten sind schon tot, wodurch das Risiko, für einen Kunstfehler haften zu müssen, entscheidend reduziert wird. Außerdem wird man von den zu Behandelnden nicht ständig vollgesülzt und trifft nach der OP ausnahmslos auf dankbare Menschen, die dem Onkel Doktor Respekt, Anerkennung und jede Menge Knete zollen. So übel ist das doch wohl wirklich nicht, oder?

Gefahr: (Wenn Sie nicht an »Chuck, die Mörderpuppe« glauben, haben Sie in diesem Job absolut nichts zu befürchten. Null Sterne.)

Langeweile: ** (Ein gewisser Mangel an Kommunikation und die Tatsache, dass sowohl Barbie als auch Ken irgendwie geschlechtslos sind, nimmt diesem Beruf viel Spannung. Aber immerhin sind die Aufgaben einigermaßen vielfältig.)

Seltenheit: ** (Puppendoktor ist kein Lehrberuf, häufig ist er

trotzdem nicht. Denn auch wenn es keine formelle Qualifikation dafür gibt, kann ihn längst nicht jeder ausüben.)

Ekelfaktor: * (Wenn Ihnen ein Mittfünfziger mit gelben Zähnen, Alkoholfahne und einem durch den Sitz der Hose
deutlich sichtbaren Arschgeweih eine aufblasbare Hülle
namens Cindy vorbeibringt und verlangt, sie mögen deren weibliche Attribute etwas aufpolstern, Abnutzungs-
spuren beseitigen und die dralle Schönheit unbedingt bis
zum Wochenende wieder in Form bringen, dann dürfen Sie
sich getrost ein bisschen ekeln. Ansonsten sehen wir keinen Grund.)

Neidfaktor: ** (Kleine Mädchen mit Helfersyndrom könnten
neidisch sein. Und Puppenfetischisten. Klar. Die auch.)

Wachsfigurenhersteller

Waren Sie auch schon mal bei Madame Tussaud? Im Wachs-
figurenkabinett? Und da auch schon in der Gruselabteilung?
Ja? Haben Sie sich vor Victoria Beckham auch zu Tode er-
schreckt? Nur keine Scham, das geht allen so, denn diese Figuren sind den lebenden Vorbildern so täuschend echt nach-
empfunden, dass man sie beinahe für lebendig halten könnte.

Für diese unglaublich lebensechten Figuren aus Wachs
beschäftigt das Londoner Unternehmen, das mittlerweile
Zweigstellen in Berlin, Paris und Washington hat, ein ganzes Team von Spezialisten, die die Wachsfiguren herstellen.
Diese Wachsfigurenhersteller werden im Fachjargon Wachsfigurenhersteller genannt, was weniger überraschend ist, als
es zunächst klingt: Sie sind tatsächlich ausschließlich mit
der Herstellung von Wachsfiguren beschäftigt ...

Die Schöpfer dieser tollen Figuren modellieren immer anhand des lebenden Originals. Im Klartext: Der jeweilige Prominente steht den Spezialisten ein paar Stunden lang Modell.
In dieser Zeit werden mit Maßband und Tastzirkel (klingt irgendwie anrüchig, ist aber ein normales Schneiderwerk-
zeug) insgesamt zweihundertsechsundzwanzig Maße genommen und rund hundertfünfzig Fotos aus den verschiedensten
Blickwinkeln gemacht. Darunter auch Einzelaufnahmen vom
Kopf und anderen Extremitäten. Die Wachsfigurenhersteller
bezeichnen sich selbst gerne auch als Bildhauer oder schlicht
»Künstler« und behaupten, während der Sitzung auch ganz
genau die Bewegungen des jeweiligen Prominenten zu stu-

dieren, um im späteren Abbild dann auch ein Stück seiner Persönlichkeit zu verewigen.

Das klappt zuweilen recht ordentlich. Björn Borg, die schwedische Eisbergversion eines Tennisspielers, wirkt als Wachsfigur exakt so langweilig wie im richtigen Leben. Und beim Abbild von Michael Jackson gelang es den Wachsbildnern ausgesprochen brillant, die Gesichtszüge des Popstars originalgetreu zu kopieren, was jedoch nicht ganz so schwer war, wie es den Anschein hat, da die beim Original verwendeten Materialien nur wenige Unterschiede zur Reproduktion aufwiesen.

Wie dem auch sei: Bei Madame Tussaud entdeckt man die Abbilder berühmter und berüchtigter Persönlichkeiten aus vielen Jahrzehnten. Neben Victoria ist auch David Beckham vertreten, neben Björn Borg auch Boris Becker und Brigitte Bardot, Angela Merkel und Nicolas Sarkozy (Nein, das ist nicht der sechste von rechts in der Märchenabteilung. Auch wenn die Frau neben ihm wie Carla Bruni aussieht – es handelt sich um Schneewittchen und ihre kleinen Freunde). In der »Chamber of Horrors« finden sich Jack the Ripper, dessen originalgetreue Wiedergabe mangels Vorlage etwas schwierig geriet, sowie etliche andere Massenmörder. Politiker, Sportstars, Musiker und Künstler, Wissenschaftler, Philosophen und natürlich die königliche Familie – sie alle wurden von den Wachsfigurenherstellern modelliert. Diese stellen nach der Modellsitzung, dem sogenannten »Sitting«, zunächst eine Art Gerüst vom zu formenden Körper her – ein Metallskelett, das der Fachmann als Armatur bezeichnet. Darauf wird dann die Körperform aus Ton nachmodelliert, wobei allein das Modellieren des Kopfes bis zu sechs Wochen dauern kann, schon weil es dabei immer wieder zu kleinen Dramen und hysterischen Ausbrüchen kommt.

Wenn die Figur aus Ton endlich fertig ist, werden aus Gips

sogenannte Negativabdrücke von Kopf und Körper gemacht, wobei die Künstler sehr vorsichtig vorgehen müssen, damit sie die Tonfigur nicht beschädigen. In die fertigen Formen wird heißes Wachs gegossen, und wenn es abgekühlt und ausgehärtet ist, wird der Kopf aus der Form genommen, und Augen und Haare werden befestigt. Die Augen werden für jede Figur individuell aus Acrylglas gefertigt, damit sie auch wirklich die exakte Augenfarbe des Originals wiedergeben. Für die Haare wird menschliches Echthaar genommen, das Strähne für Strähne eingesetzt wird. Bei Yul Brunner und Telly Savalas hielt sich der diesbezügliche Arbeitsaufwand in Grenzen, für Cher und die Brustbehaarung von Chuck Norris wurden angeblich jeweils siebzehn Freiwillige aus der Ukraine und der kasachischen Steppe komplett enthaart. Anschließend wird Farbe auf das Gesicht aufgetragen, die den Hautton des Originals möglichst genau trifft.

Übrigens: Wachsfiguren befinden sich nicht nur in Wachsfigurenkabinetten, wo sie in der Regel Prominente abbilden. Sie werden zum Beispiel auch in Museen verwendet, um wissenschaftliche und historische Ereignisse in Szene zu setzen. Ein Neandertaler in Wachs und Lebensgröße ist irgendwie eindrucksvoller als die Strichzeichnung einer gewölbten Stirn und eines fliehenden Kinns. Lässt sich allerdings leicht mit Stefan Raab verwechseln.

Gefahr: * (Angeblich kann die allzu intensive Beschäftigung mit fremden Persönlichkeiten zu psychischen Beeinträchtigungen führen. Abgesehen davon ist der Job recht ungefährlich.)

Langeweile: * (Wachsfigurenhersteller stellen in der Regel sehr gerne Wachsfiguren her und langweilen sich dabei deshalb auch nicht. Das Zuschauen jedoch stellen wir uns öde vor.)

Seltenheit: *** (Es gibt insgesamt nur rund fünfzig Wachsfigurenhersteller weltweit. Viele sind das nicht.)

Ekelfaktor: * (Eine Allergie gegen Wachs könnte problematisch sein, und das genaue Anatomiestudium beispielsweise von Victoria Beckham führt möglicherweise auch zu massiven Beklemmungen. Aber echte Gründe fürs Ekeln liegen wohl nicht vor.)

Neidfaktor: ** (Als Wachsfigurenhersteller dürfen Sie sich Künstler nennen und werden dennoch gut und regelmäßig bezahlt. Davon träumen wahrscheinlich eine ganze Menge Künstler.)

Geräuschemacher

Die goldenen Zeiten Hollywoods, als das Filmen noch große Kunst war, sind angeblich längst vorüber, und mit dieser vom Winde verwehten Epoche sind auch etliche der damals noch gängigen Berufsbilder aus der Branche verschwunden. Niemand braucht heute beispielsweise noch Kolorierer, also jene Pinselschwinger, die die in Schwarz-Weiß gefilmten Streifen Bild für Bild anmalten und somit zum Farbfilm ummodelten. Und auch jene Hilfskräfte, die Stunden damit zubrachten, entwickelte Filmrollen zum Trocknen auszuhängen, richtig zusammenzuschneiden und dem Cutter anschließend korrekt zu übergeben, sind im digitalen Zeitalter längst überflüssig geworden.

Wie ein Anachronismus mutet es deshalb an, dass der Geräuschemacher noch immer eine gewichtige Rolle spielt. Tatsache ist jedoch – beim Ton eines Films geht es nicht nur um den Dialog und die Filmmusik, sondern auch um die dazu passenden Geräusche. Die Hauptdarstellerin ist nachts alleine zu Hause, flackerndes Licht, die Augen schreckensstarr geweitet und ... plötzlich knarzt eine Bodendiele. Aaargh, Spannung, Dramatik, Herzinfarkt. Das klingt recht simpel, doch die Umsetzung stellt die Produktionsfirma nicht selten vor riesige Probleme. War es schon schwierig, ein Haus als Drehort zu finden, das die verlangte morbide Atmosphäre aufweist, so dürfte es fast noch schwieriger sein, in diesem Haus auch noch die genau passend knarrende Diele zu entdecken.

Anderes Beispiel: Der Wind heult im Film um die morsche

Hütte, obwohl bei den Dreharbeiten draußen wunderschönes Wetter herrschte. War zum Zeitpunkt des Drehs natürlich nicht so dramatisch, weil man die Innenaufnahmen ja trotz des strahlenden Sonnenscheins in den Kasten bekam. Könnte aber später an der Glaubwürdigkeit des Gruselstreifens derart knabbern, dass Wahlkampfreden von Gerhard Schröder im Nachhinein wie die ehrlichen Bekenntnisse eines aufrechten Sozialisten klingen.

Probleme kann es auch geben, wenn im Studio gefilmt wird – beispielsweise wenn von draußen Verkehrslärm ins Zimmer dringen soll. Experten schwören nämlich Stein auf Bein, dass aufgezeichneter Großstadtlärm sich im Film einfach nicht richtig anhöre – er klinge immer, als käme er vom Band, was daran liegen könnte, dass er vom Band kommt. Manchmal sind die Aufnahmen der Originalgeräusche aus irgendeinem Grund auch nicht brauchbar – ungeachtet der sündteuren Richtmikrofone und der Heerscharen von eingesetzten Technikern – und müssen später im Studio noch einmal aufgenommen werden. Auch bei der Synchronisation eines Films ist es nicht selten notwendig, nicht nur die Dialoge in einer anderen Sprache neu aufzunehmen, sondern auch sämtliche Geräusche noch einmal aufzuzeichnen – dann nämlich, wenn der Originalton des Filmes aus Gründen der Sparsamkeit nur auf einer einzigen Tonspur aufgenommen ist.

Auf diese Aufgaben haben sich Geräuschemacher (englisch Foley Artist, nach Jack Foley, der in den Fünfzigerjahren das Nachvertonen erfand) spezialisiert. Ihre Tätigkeit ist teilweise Routine – die Aufnahme von Schritten, das Eingießen von Flüssigkeiten, Geschirr, das gespült wird, sowie Umweltgeräusche wie Regen, Donner oder Wind. Schon eher in den Bereich »Effektvertonung« gehören klingelnde Telefone oder Verfolgungen.

Das Studio eines Geräuschemachers besteht meist aus

zwei getrennten Räumen: einem Aufnahmeraum mit den notwendigen Geräten und einem Bühnenraum, in dem die Geräuscheffekte erzeugt werden. In den Arbeitsräumen eines Geräuschemachers finden sich unzählige Gegenstände, mit denen man die verschiedensten Geräusche machen kann, und darunter sind höchst überraschende Exponate zu finden. Zugegeben – wir wussten natürlich, dass man mit einem Baseballschläger, den man jemandem sehr fest auf den Kopf schlägt, das Geräusch eines Baseballschlägers, der hart auf einen Kopf trifft, wunderbar imitieren kann. Doch die Tricks, die hier mit Alltagsgegenständen vollführt werden, sind doch eine Spur subtiler. Gläser, Becher, Ketten und Schlösser, Flaschen, Kinderrasseln, Eierschachteln und Tennisschläger – es gibt kaum einen Gegenstand, den ein Geräuschemacher nicht schon mal für irgendeinen Sound benutzt hat. Für die Erzeugung von Schritten – ein echter Routinejob – liegen im Studio verschiedene Untergründe parat, je nachdem, ob man einen Tritt auf Asphalt, Holz oder Kies nachahmen muss. Darüber hinaus sind verschiedene Schuhe auf bestimmte Weise präpariert, beispielsweise, damit auch ein männlicher Geräuschemacher in Herrenschuhen das Klacken von hohen Absätzen nachmachen kann. Das gelingt ihm ganz einfach mit Hilfe eines Nagels, den er in den Absatz geschlagen hat.

Wie bestimmte Geräusche entstehen, ist meist das Geheimnis der Geräuschemacher. Ein paar der Tricks und Kniffe sind jedoch bekannt:

- Regen entsteht mit Hilfe von Reis oder Erbsen, die auf ein Alublech, auf Folie oder Papier prasseln.
- Einen Pistolenschuss kann man mit einem langen Plastiklineal imitieren, das auf eine leere Zigarrenkiste knallt. Wir schlagen folgenden Test vor, der vor allem in Haushalten, wo Papa ein Waidmann ist und gerade im Nebenzimmer

den folgenden Dialog mit anhören darf, sehr gut funktioniert: »Was ist denn das für ein Ding?« – »Das ist Papas Gewehr.« – »Ist es geladen?« – »Ach was.« Und dann machen Sie den Linealtrick ... schneller ist Papa noch nie zuvor von einem Raum in den nächsten gelangt.

- Zwei Gabeln, die man aneinanderschlägt, klingen wie Fechten mit Degen.
- Sie wollen durch den Schnee marschieren? Dann füllen Sie ein kleines Stoffsäckchen mit Mehl und drücken es rhythmisch zusammen. Da kriegt man schon vom Zuhören nasse Füße.
- Brechende Knochen klingen wie das Zerbrechen von Bambus, frischen Karotten oder Sellerie, wobei natürlich auch brechende Knochen wie brechende Knochen klingen, es zumeist aber an geeigneten Protagonisten für die entsprechenden Aufnahmen fehlt. Bleiben Sie lieber beim Sellerie.
- Das Geräusch einer mechanischen Schreibmaschine lässt sich mit Hilfe einer Brille erzeugen, mit deren Bügel man rhythmisch auf die Tischplatte klopft. Oder auch mit einer mechanischen Schreibmaschine, die jeder gute Geräuschemacher sowieso im Regal stehen hat. Wir haben das Beispiel nur erwähnt, um zu zeigen, welche tollen Tricks wir kennen ...

Eine Ausbildung im eigentlichen Sinne gibt es für diesen Beruf nicht. Deutschlandweit gibt es zehn Geräuschemacher, und diese lassen zuweilen junge Menschen hospitieren. Wird man genommen, weil der Experte gerade viel Stress hat und nicht alles selbst erledigen kann, bleibt meist keine Zeit für Fragen, denn die Produktionszeiten sind bei Filmen sehr knapp kalkuliert. Für neunzig Minuten Film hat der Geräuschemacher in aller Regel nur zehn Tage zur Verfügung.

Besonders anspruchsvoll sind übrigens Zeichentrickfilme, da hier der ganze Ton komplett im Studio erzeugt werden muss und die Bewegungen der Cartoon-Figuren meistens nicht exakt denen von realen Menschen entsprechen. Dagoberts Sprung in den Geldspeicher, Obelix' Wurf mit dem Hinkelstein und das Geräusch, das Garfield macht, wenn er eine Lasagne sieht – all dies sind Töne, die außerhalb der menschlichen Erfahrungswerte liegen.

Wenn Sie es irgendwie tatsächlich geschafft haben sollten, als Geräuschemacher regelmäßig beschäftigt zu werden und damit Ihre Brötchen zu verdienen, dann lässt es sich durch den Job ganz ordentlich leben. Probleme gibt es allerdings immer wieder mit dem Finanzamt, denn die wenigsten Finanzbeamten können es akzeptieren, dass Sie Erbsen, Sellerie oder Brillenbügel von der Steuer absetzen wollen.

Gefahr: * (Werden Sie taub, sind Sie arbeitslos. Mehr gibt's zum Thema »Gefahr« wohl nicht zu sagen.)

Langeweile: * (Wenn man für einen Film ständig nur Schritte vertonen muss, wird's schnell fad. Aber normalerweise sind die Aufgaben recht vielfältig.)

Seltenheit: *** (In Deutschland gibt es derzeit etwa zehn Spezialisten, europaweit könnten es rund fünfzig sein und in den USA kommen noch mal rund hundert hinzu.)

Ekelfaktor: * (Wir können uns nur zwei Geräusche vorstellen, die uns schaudern ließen: Kreide auf Tafel und ein Zungenkuss von Rainer Calmund.)

Neidfaktor: ** (Für Hobbybastler ist's ein Traumjob ...)

Karussellrestaurator

Nehmen wir an, Sie seien handwerklich begabt, hätten einen Sinn für Nostalgie, seien geduldig und benötigten dringend Geld. Dann werden Sie doch einfach Karussellrestaurator. Mag sein, dass dieser Beruf langfristig keine Zukunft hat, aber in der Gegenwart ist er ziemlich lukrativ: Ein einziger Auftrag kann dem Spezialisten mehrere tausend Euro bescheren.

Natürlich ist es nicht korrekt und irgendwie unanständig, einen solchen Text gleich mit dem Hinweis auf die Kohle zu beginnen. Also wirklich, nicht immer darf so sehr das Materielle im Mittelpunkt stehen, viel wichtiger ist es doch, was so ein Karussellrestaurator eigentlich tut. Doch auch für diesen Berufsstand gilt eigentlich, dass seine Namensgebung schon alles verrät: Der Karussellrestaurator restauriert Karussells. Bevor Sie sich jetzt schockiert die Hand vor den Mund halten und mit dem Ihnen eigenen Sinn für platte Ironie ein gepresstes »Unglaublich« stammeln, dürfen wir Ihnen verraten, dass es sich natürlich nicht um gewöhnliche Karussells handelt. Was da heutzutage so auf den Jahrmärkten und Kirchweihfesten herumgondelt, ist doch zumeist mehr oder weniger billige Plastikware – nicht selten in Taiwan oder Hongkong produziert, was in manchen Fällen zu lustigen Resultaten führt. So dauerte es beispielsweise Jahre, bis einem Kunden auffiel, dass der vermeintliche Mercedes-Stern am Karussell-Daimler eher wie das Peace-Symbol der Flower-Power-Bewegung aussah. Sei's drum – diese Feuerwehrautos und bunt bemalten Motorräder, diese grinsenden Löwen, Giraffen mit Haltegurten, Schwäne mit Doppelsitzen und fliegenden Teppiche sind nur ein blasser Abklatsch jener Ära, in der die Karussells von Kindern noch wie Weltwunder bestaunt wurden und die sich drehenden Figuren nicht in Fabriken, sondern von Holzbildhauern in liebevoller Handarbeit hergestellt wurden. Und genau mit diesen Wunderwerken der Handwerkskunst beschäftigen sich die Karussellrestauratoren, von denen hier die Rede sein soll.

In der deutschen Kaiserzeit erlebten diese oftmals noch rein mechanisch betriebenen Attraktionen ihre erste große Blüte. Meistens saßen die Kinder auf geschnitzten Pferderücken, aber zuweilen prunkte ein Schausteller auch schon mit einem Elefanten oder Tiger. Im Laufe der Jahrzehnte allerdings haben diese Schmuckstücke naturgemäß sehr gelitten. Nicht nur, dass sie häufig Wind und Wetter ausgesetzt waren, sondern sie wurden auch immer wieder sehr hastig auf- und wieder abgebaut und lieblos verstaut, weil für einen Karussellbetreiber Zeit schließlich Geld bedeutet. Viele dieser Schmuckstücke von anno dazumal gammelten jahrelang in Scheunen oder auf Speichern vor sich hin, wurden erst vor Kurzem wiederentdeckt und sollen nun Nostalgiker und Kinderherzen wieder gleichermaßen erfreuen.

Einige Firmen haben sich daher tatsächlich auf die Restaurierung alter Karussells spezialisiert. Sie entfernen Farbe von den Holzfiguren, tauschen Blechteile und Nägel aus, erneuern schadhafte Stellen, führen bildhauerische Arbeiten aus und bemalen die Karussellfiguren nach alten Vorlagen neu. Billig ist das nicht – für die Restaurierung eines einzigen Pferdes darf man durchaus zehntausend oder sogar fünfzehntausend Euro veranschlagen. Kein Wunder, stecken doch zuweilen rund zweihundert hochprofessionelle Arbeitsstunden darin.

Gefahr: * (Natürlich kann man sich mit jedem Werkzeug verletzen, wenn man sich ungeschickt anstellt ...)

Langeweile: ** (Nervenkitzel, Action und Adrenalinausschüttungen sind für einen Karussellrestaurator wahrscheinlich eher selten, aber wenn er seine Arbeit liebt, wird sie ihm wohl auch nicht langweilig werden.)

Seltenheit: **** (Machen Sie doch einfach den Klassentreffen-Test: Das nächste Mal, wenn Sie zu einem dieser unsäglichen »Weißt-du-noch-und-du-hast-dich-aber-gut-gehalten«-Abende eingeladen sind, antworten Sie auf die Frage nach Ihrem Job mit »Karussellrestaurator«. Wenn sich im Laufe des Abends herausstellt, dass in der Runde ein Kollege sitzt, dann dürfen Sie einen Stern wegnehmen.)

Ekelfaktor: (Nö. Null Sterne.)

Neidfaktor: ** (Ein Karussellrestaurator braucht eine hervorragende Ausbildung – vorzugsweise als Schreiner –, sehr viel Talent, Geduld und Liebe zum Detail. Dann kann er sehr viel Geld verdienen, um das ihn manch einer wohl beneidet. Um den Job als solchen beneidet ihn wohl kaum jemand.)

Lachtrainer

Vielen jener Berufe, die wir Ihnen bisher vorgestellt hatten, gebrach es an wärmender Romantik, an Idealismus, an jenem herrlichen Gefühl, das sich angeblich immer dann einstellt, wenn man ganz und gar von der Richtigkeit seines Tuns überzeugt ist. Bei manchen der vorgestellten Jobs geht es doch einzig und allein um den schnöden Mammon – eine Erkenntnis, die zwar bitter, aber auf Dauer wohl unvermeidlich ist.

Wie schön, so haben wir uns gesagt, wäre es doch, wenn wir im Zuge unserer Recherchen ein Berufsbild finden und zutage fördern könnten, das der puren Effizienz gänzlich unverdächtig wäre. Wenn wir einen Job vorstellen könnten, der diese Welt ein bisschen heller macht, Freude vermittelt und jene ansteckende Fröhlichkeit ins Haus bringt, die man sonst nur empfand, wenn man Edmund Stoiber beim Sprechen zuhörte.

Bitte verstehen Sie uns nicht falsch – wir sind keine kapriziösen Folkloristen, die lilafarbene VW-Busse fahren, ständig Blumen im Haar und wallende Gewänder am Leibe tragen. Die Suche nach ein bisschen Freude und – gestatten Sie uns den Ausdruck – »Seligkeit« im Rahmen eines Berufsbildes war uns aber dennoch eine Herzensangelegenheit, und wir glauben nun voller Stolz, tatsächlich fündig geworden zu sein. Birgit and Pat proudly present: den Lachtrainer.

Dass Lachen gesund ist und gesund macht, ist seit geraumer Zeit bekannt, doch dass man Lachen auch trainieren kann, ist eine vergleichsweise neue Idee. Dieses sehr spezielle Training findet in der Regel in der Form von Lach-Yoga statt – ein Kurs, bei dem mittels verschiedener Atemtechniken in Kombination mit pantomimischen Übungen ein intensives Lachen erzeugt werden soll. Die Teilnehmer laufen dabei unter anderem einzeln oder auch paarweise in Räumen umher, stoßen rhythmisch die Luft aus, machen HA, HA und HA – so lange, bis ein »Hahaha« daraus wird. Sie versuchen sich im Fortgeschrittenenstadium am Kichern und geben sich schrecklich Mühe, so heiter wie möglich zu sein. Nun mögen Sie einwenden, das klinge alles in allem nicht sehr lustig, und man möge sich stattdessen doch lieber angucken, wie Verona Pooth einen Kleinwagen parkt, aber das wäre ungerecht und zu kurz gedacht. Laut der Theorie des Lach-Yogas kommt es nämlich gar nicht unbedingt darauf an, echte Heiterkeit zu verspüren, sondern das Lachen mittels verschiedener Übungen so lange zu simulieren, bis es sich anhand der hervorgebrachten Laute quasi auf natürlichem Wege Bahn bricht. Aha!

Das funktioniert zwar nicht bei jedem, und wenn Sie »Ha ha ha« tatsächlich schon für ein herzhaftes Lachen halten, sollten Sie entweder Physik studieren oder sich auf eine eventuelle Anfälligkeit für manisch-depressive Schübe untersuchen lassen, doch bei manchen Kurs-Teilnehmern hat die Methode durchaus Erfolg. Wobei allerdings nicht unterschieden wird, ob das Hervorbringen seltsamer Laute tatsächlich dazu führt, diese Geräusche instinktiv zu einem echten Lachen auszubauen, oder ob sich die Teilnehmer nach einer Weile so bescheuert vorkommen, dass sie einfach über sich selbst lachen müssen. Dem Komiker Mario Barth, jenem hektisch auf der Bühne Herrenwitze erzählenden Brachialgrinser, muss es so gehen, denn einen anderen Grund für sein Gelächter vermag man sich nicht vorzustellen. Die Qualität seiner Scherze jedenfalls kann es nicht sein. Dass er mit diesen therapeutischen Selbstversuchen, die sich zumeist um seine Beziehungsprobleme drehen, dennoch Stadien füllt, muss neidlos anerkannt werden und stützt die Theorie, dass Gähnen und Lachen – zwei Tätigkeiten, die im Falle seiner Shows erstaunlich nahe beisammen liegen – sehr häufig enorm ansteckend wirken. Dies wiederum führt uns zur Annahme, dass Lachtrainer und Mario Barth sich in irgendeiner Form tatsächlich um die Volksgesundheit verdient machen, was Herr Barth möglicherweise für den folgenden Gag nutzen könnte: »Sach ich zu meiner Ollen, sach ich also, hey Alte, sach ich, kiekste mich an, dann musste kichern, wa? Haste dafür eigentlich 'n Rezept? Wuahahahaha ... Super, wa?«

Äh, ja, gut. Wo waren wir stehen geblieben? Also – ein Lachtrainer ist jemand, der andere Menschen dazu animiert, absichtlich zu lachen. Dazu braucht er weder eine Mario-Barth-DVD – was bei intelligenten Menschen ohnehin kontraproduktiv wirken könnte –, noch eine Witzesammlung oder Grimassen. Der Lachtrainer verzichtet auf schmückendes Beiwerk und verlässt sich ganz und gar auf zwei Dinge. Erstens: Menschen tun gerne, was man ihnen sagt, sofern es ihnen das Denken erspart. Zweitens: Menschen tun immer, was man ihnen sagt, wenn sie dafür bezahlt haben, dass man es ihnen sagt. Das letztgenannte Phänomen kann man beispielsweise bei Trendsportarten wie Rafting beobachten, die – weil sündteuer – kaum Ausschussware produzieren. Will heißen: Egal, wie wasserscheu der Protagonist ist, wie wild sich das Gewässer auch gebärdet und wie sehr der Kursteilnehmer sich wünscht, zurück in den Mutterleib kriechen zu dürfen – tapfer wird er trotzdem ins schwankende Schlauchboot krabbeln, das Paddel ins Wasser tunken und dem nahen Tod ins Auge blicken, als wäre er eine Mixtur aus Rambo und Robocop. Er hat schließlich dafür bezahlt.

Das mit aneinandergereihten Einzellauten künstlich hervorgerufene Gelächter funktioniert – so etliche der im Internet zuhauf kursierenden Erfahrungsberichte – anscheinend überraschend gut. Da ist die Rede davon, man habe sich am Kursende gar nicht mehr einkriegen können, sondern sich in regelrechten Lachkrämpfen auf dem Boden gewälzt. Möglicherweise haben die Teilnehmer dies aber auch mit jenen Krampfattacken verwechselt, die einen normalen Menschen befallen, wenn er ernsthaft (ohne zu lachen) darüber nachdenkt, dass er für dieses »Basisseminar« rund zweihundertfünfzig Mücken auf den Tisch des Hauses geblättert hat. Dagegen war ja ein Räucherkurs beim Bhagwan noch preiswert.

Immerhin: Die Wissenschaft ist mittlerweile überzeugt davon, dass regelmäßiges Lachen die Grundstimmung eines Menschen nachhaltig beeinflusst und zum Positiven verändern kann. Dass dieses Lachen künstlich hervorgerufen wird, soll dabei kein Manko sein – es kommt weniger auf die natürliche Heiterkeit als auf die Intensität des Lachens an. Wollen Sie abschließend noch etwas wirklich Witziges erfahren? Ja? Gut: Eine Ausbildung zum Lach-Yoga-Lehrer kann man beim Verband der deutschen Lach-Yoga-Therapeuten machen. Der Brüller, wa?

Gefahr: (Da die Gefahr, sich totzulachen, weniger groß ist als die Redensart glauben lässt, geben wir null Sternchen.)

Langeweile: ** (Nun, ob dieser Job langweilig ist, lässt sich aus unserer Sicht nur schwer beurteilen. Ist es spannend, andere Menschen ganz ernsthaft zu enormer Heiterkeit zu bewegen? Oder lacht man über jene, die sich so krampfhaft bemühen, endlich herzhaft zu lachen? Und ist das vielleicht aufregend? Oder nach einer Weile total öde? Wir haben keinen Schimmer ...)

Seltenheit: ** (Mittlerweile gibt es eine ganze Reihe von

Lach-Yoga-Lehrern – auch und besonders auf dem flachen Land.)

Ekelfaktor: * (Weit aufgerissene Augen und Münder, zuckende Gliedmaßen und tierische Laute: Könnte eine Szene aus dem Exorzisten sein, ist aber einem Lachseminar entlehnt. Man muss das nicht ästhetisch finden, aber ekeln muss man sich vermutlich auch nicht.)

Neidfaktor: *** (Wenn man an einem einzigen Nachmittag mehrere hundert Euro damit verdient, andere Menschen zu Ha Ha Ha zu animieren, könnte dies durchaus Neider auf den Plan rufen.)

Kapitel 9

Jobs, die man erst noch erfinden muss

Kennen Sie jemanden, der als Wichtigtuer-Ausbremser,
Büstenhalter, Armleuchter oder Gutmenschen-Erdulder
arbeitet? Nein? Wir auch nicht. Und deshalb wird es höchste
Zeit, dass jemand damit anfängt. Wir haben unsere
Wünsche aufgeschrieben. Denn wünschen darf man sich
schließlich alles. Die Welt braucht Pioniere –
worauf warten Sie also noch?

Wichtigtuer-Ausbremser

*E*iner der weltweit wichtigsten noch zu erfindenden Berufe ist jener des Wichtigtuer-Ausbremsers. Tatsächlich wird dieser Job sogar von Tag zu Tag bedeutsamer, was schlicht daran liegt, dass der vom Wichtigtuer-Ausbremser zu bekämpfende Schädling an Zahl und Penetranz so unglaublich zugenommen hat. Sie haben sicherlich bereits erraten, welchen Namen die in ihre Schranken zu verweisende Kreatur trägt. Richtig: der Wichtigtuer.

Wichtigtuer sind überall, und sie finden immer neue Lebensräume. Traf man sie früher bevorzugt in Plenarsälen, Vorstandsetagen oder Konferenzräumen an, so begnügen sie sich mittlerweile nicht mehr mit den grell erleuchteten Showbühnen der Politik- und Wirtschaftswelt, sondern befallen auch scheinbar vollständig gesunde Bereiche. So wurden Wichtigtuer-Infektionen mittlerweile auch aus Großraumbüros, aus den Umkleidekabinen der Vereine, aus Fitness-Studios oder Lehrerzimmern gemeldet. Besonders wohl fühlen sie sich in Arbeitskreisen, sinnfreien Face-to-Face-Meetings oder als Teilnehmer an Telefonkonferenzen. Eine große Bedeutung für die Erhaltung ihrer Art haben für Wichtigtuer VIP-Lounges auf Flughäfen oder in Fußballstadien, Business-Abteilungen verschiedenster Verkehrsmittel, ultramoderne Kommunikationsmittel jeder Art. Und dann gibt es da natürlich noch diese Automobile, die Tankstellenpächter zum Lächeln bringen, fast immer vierradgetrieben sind und de facto nur auf linken Spuren fahren können. Der Wichtigtuer bezeichnet sich selbst wahlweise als Manager, Mitglied einer Task-Force, Vice-President, »CEO« oder – in Extremfällen – als Geheimagent. Er spricht seine jeweilige Muttersprache nur noch gebrochen, weil er in jedem Satz, der drei Worte übersteigt, mindestens zwei englische Begriffe unterbringen muss, die es im richtigen Englisch zumeist gar nicht gibt. Wenn seine Muttersprache tatsächlich Englisch ist, wird er französische oder auch deutsche Begriffe verwenden, deren Bedeutung er nicht kennt und auch niemals kennenlernen will. Er ist der Auffassung, im Finanzsektor zu Hause zu sein, eine Nase für Geschäfte zu haben, einen Instinkt für Menschen und Möglichkeiten zu besitzen und sich niemals zu irren. Damit irrt er sich fast immer. Der Wichtigtuer ist meistens männlich – Ausnahmen bestätigen die Regel – und betrachtet das andere Geschlecht mit einer Mischung aus Gier, Verachtung und Unsicherheit. Er hält sich selbst für unwiderstehlich, unverzichtbar und unglaublich clever, behauptet stets, nicht mehr als vier Stunden Schlaf pro Nacht zu benötigen, spielt in seiner Freizeit Polo oder Unterwasserrugby und nennt seinen Erstgeborenen vorzugsweise Maxim oder Cicero.

Wichtigtuer lassen sich vor allem anhand ihrer Gesten erkennen. Diese sind kurz und werden von ihresgleichen gerne als knapp und prägnant bezeichnet, wirken auf andere jedoch eher fahrig. Mit ihren Händen unterstreichen sie gerne die Bedeutung ihrer Worte und hoffen, dadurch verschleiern zu können, dass sie nichts von Bedeutung gesagt haben. Angeblich entwickeln sie ständig irgendwelche Strategien, prüfen Rankings und konferieren mit Consulting-Agenturen, doch in Wirklichkeit benutzen sie ihre Laptops bevorzugt, um sich auf kostenpflichtigen Internetseiten scharfe Bilder von Leila und Natascha reinzuziehen, deren Leibesübungen sie mit zweifingrig getippten Anfeuerungsrufen begleiten. Sie bezeichnen sich selbst als wertkonservativ und werden nicht selten Generalsekretäre irgendeiner Partei, was jedoch keinesfalls bedeutet, dass sie tatsächlich irgendeine politische Überzeugung hätten.

Wichtigtuer fühlen sich dann am allerwichtigsten, wenn sie andere von ihrer Wichtigkeit überzeugen können – egal wie und womit. Niederlagen nehmen sie hin, wie es in ihrer Natur liegt: heulend, schreiend, wimmernd und sich über die Ungerechtigkeit der Welt beklagend. Vor anderen Wichtigtuern haben sie in der Regel eine Heidenangst: entweder weil der andere eine höhere Position hat oder weil der andere auf die höhere Position will. Wichtigtuer halten andere oftmals für Wichtigtuer und haben damit häufig recht, was allerdings wenig erstaunlich ist, weil sie sich fast permanent in einer für Wichtigtuer geschaffenen Umgebung bewegen. Ach ja: Wichtigtuer tragen gerne fliederfarbene Hemden. Aber das nur nebenbei.

Gäbe es den Beruf des Wichtigtuer-Ausbremsers, so müsste sich dieser gründlich auf seine Aufgabe vorbereiten. Zunächst müsste ihm genau vermittelt werden, wo und wann Wichtigtuer am liebsten auftreten, von welchen hohlen Phrasen und blöden Worthülsen sie sich nähren und wodurch sie sich aufrecht halten – denn ein echtes Rückgrat besitzen sie bekanntlich nicht. Anschließend müsste der Wichtigtuer-Ausbremser die Kunst des Tarnens und Täuschens erlernen, denn um seiner Arbeit effizient nachgehen zu können, wäre es absolut unverzichtbar, ihn in die von unsichtbaren Zugangskontrollen streng bewachten Biotope der Wichtigtuer einzuschleusen. Und schließlich und endlich bestünde die Notwendigkeit, den Wichtigtuer-Ausbremser mit einem Arsenal von taktischen Waffen auszustatten, mit deren Hilfe sich Wichtigtuer aller Arten und aller Nationen bloßstellen, entzaubern und beschämen ließen.

Der Wichtigtuer-Ausbremser müsste ein Mittelding zwischen Terminator und Anarchist sein, ein grausamer Spaßvogel, ein witziger Henker. Wenn Hans-Jörg B. zur Steigerung des Efficiency-Rankings ein Meeting des Arbeitskreises einberufen will, käme dann über die hauseigene Telefonanlage die Nachricht, dass Hans-Jörg B. bitte unverzüglich seine Mutter anrufen möge – diese könne den vom Jörgl angeforderten Teddybär auf dem Speicher leider nicht finden und benötige nun präzise Informationen, um die Suche auszuweiten. Sobald Bastian S. in einer Sitzung des Arbeitskreises die Performance der Soundso-Abteilung als suboptimal brandmarken wollte, würde sich der Underground-Ausbremser zu Wort melden und ganz ernsthaft darauf hinweisen, dass er von jener neuen Mitarbeiterin namens »feuchter Traum Natascha«, die unlängst von Bastian S. eingearbeitet wurde, eine interessante Aktennotiz zum Thema Performance erhalten habe und diese nun kurz verlesen würde. Spätestens bei »Hallo, mein geiler Hengst« würde Bastian S. die Sitzung vermutlich abbrechen – ein erster Teilerfolg für den Wichtigtuer-Ausbremser.

Wichtigtuer-Ausbremser müssten im Fernsehen Schilder hochhalten, wenn blonde Lackaffen von »Bürgernähe« und »moralischen Prinzipien« faselten – Schilder, auf denen »Bla Bla« oder auch mal »L. ist lieb, aber Bettnässer« zu lesen sein müsste. Wichtigtuer-Ausbremser könnten sich als Stewardessen verkleiden und, statt »versehentlich« Kaffee über Hosenbeine zu schütten, faulige Fischreste in Sakkotaschen kippen. Die Ausbremser müssten dort sein, wo die Wichtigtuer sich treffen, diesen immer einen Schritt voraus sein – skrupellos und beseelt vom Gedanken, der Menschheit einen unschätzbaren Dienst zu erweisen. Zweifellos ein Beruf, der dieser Welt gut zu Gesicht stünde. Wollen Sie nicht der Erste sein? Denken Sie doch mal darüber nach.

Gefahr: **** (Das Fatale an Wichtigtuern ist, dass es Menschen gibt, die sie tatsächlich für wichtig halten, und diese wiederum könnten dahingehend beeinflusst werden, gegen den Wichtigtuer-Ausbremser vorzugehen. Leider sind Juristen und Polizisten besonders anfällig für die Pseudo-Wichtigkeit der Wichtigtuer, sodass der Ausbremser fast unweigerlich ein gewisses Risiko tragen würde. Aber was soll's: No risk, no fun.)

Langeweile: (Nein, einen größeren Spaß können wir uns kaum vorstellen.)

Seltenheit: ***** (Please, be our number one.)

Ekelfaktor: **** (Die Undercover-Arbeit zwischen vielen Wichtigtuern könnte selbst die scheinbar stabilsten Naturen zu etwas zwingen, das gemeinhin mit Ekel verbunden wird: zum Kotzen.)

Neidfaktor: **** (Tatsache ist: Sie könnten ein Held all jener werden, die unter Wichtigtuern leiden. Und das sind – grob geschätzt – neunzig Prozent der Weltbevölkerung. Und wird Superman etwa nicht beneidet?)

Nachbarn-Vergrauler

Wir Deutschen haben angeblich viele Qualitäten – zumindest sind wir der festen Überzeugung. So gelten wir als fleißig und zuvorkommend, als umweltbewusst und pünktlich, strebsam, einigermaßen ehrlich und sportlich. Da lassen sich fehlende Sekundärtugenden wie beispielsweise Humor doch durchaus verkraften. Eines aber werden wir selbst wohl nie von uns behaupten: gute Nachbarn zu sein.

Ohne unsere stramme Fangemeinde in Mecklenburg-Vorpommern jetzt nachhaltig vergrämen zu wollen – nicht, dass die Jungs aus dem nationalen Jugendzentrum »Rechter Aufbruch« plötzlich aufhören, dieses Buch gemeinschaftlich zu deklamieren –, müssen wir daran erinnern, dass unser fehlender Sinn für gute Nachbarschaft im vergangenen Jahrhundert schon einiges Unheil angerichtet hat. Nun mag man einwenden, dass auch andere Länder bereits Angriffskriege gegen ihre unmittelbare Umgebung angezettelt haben, aber in kaum einer anderen Nation ist die instinktive Abneigung gegen jene, die sich im angrenzenden Revier angesiedelt haben, größer als bei uns. Der territoriale Gedanke scheint fest in unseren Genen verwurzelt zu sein, und auch wenn wir heute nicht mehr zwanghaft neuen Lebensraum im Osten requirieren wollen, ist doch alles jenseits unseres Gartenzauns grundsätzlich mal feindliches Gebiet und damit prinzipiell für eine Eroberung vorgesehen.

Dabei spielt es kaum eine Rolle, von welcher Beschaffenheit, Art oder Herkunft diejenigen sind, die sich neben uns niedergelassen haben und es ist letztlich auch völlig egal, ob wir mit dem Nachbarn Tür an Tür leben oder das nächste Haus kilometerweit von unserer Scholle entfernt liegt. Ob jenseits der Stachelbeerbüsche oder hinterm Wald, ob es um Wiesen oder Äcker, um Kirschbäume oder Garagen, um Komposthaufen oder Wäscheleinen geht – stets sind wir darauf bedacht, jene Rechte zu wahren, die wir für angestammt halten, jene Privilegien zu schützen, die wir selbst ersonnen haben, und jene Vorurteile zu pflegen, die uns darin bestärken, besser zu sein als andere. Wir nähren in unserer Brust das immerwährende Bedürfnis, jemandem die Schuld an irgendetwas zuzuschieben, und wenn wir nichts finden, was wirklich der Schuldfrage wert wäre, dann denken wir uns etwas aus und schanzen dem Nachbarn die Verantwortung zu. Je lächerlicher, desto nachhaltiger. Wenn wir Glück haben, macht er genau das Gleiche, und wir sind auf Jahre hinaus beschäftigt. Denn tatsächlich dauert es manchmal Jahre, bis Nachbarschaftskonflikte so richtig aufbrechen, aber zuweilen dauert es Jahrzehnte, bis sie begraben werden, und manchmal tragen noch die Enkel die Fehden ihrer Großväter aus. Was früher Frankreich war, ist heute unser Nachbar: der Erbfeind.

Bedauerlicherweise jedoch sind Nachbarschaftsstreitigkeiten unserem seelischen Wohlbefinden nicht immer zuträglich – im Gegenteil. Manchmal setzt uns der Gartenzauncholeriker aus dem Nebenhaus so zu, dass wir dauerhaft hyperventilieren. Und häufig kränkt uns auch das zur Schau getragene Unverständnis der Gerichte. Die Rechnungen für die Rechtsanwälte gehen enorm ins Geld, der permanente Umgang mit Aktenordnern und das Sammeln von Beweismitteln für nachbarschaftliches Fehlverhalten beraubt uns unserer Lebensfreude, und der Mangel an messbaren Resultaten kostet uns unseren Schlaf. Kein Zweifel: Wir brauchen den Beruf des Nachbarn-Vergraulers.

Bevor wir schildern, wie man sich diese Profession vorzustellen hätte, möchten wir eine Warnung aussprechen: Liebe Kinder – was ihr in den folgenden Zeilen lest, dürft ihr auf keinen Fall nachmachen. Verstanden? Auf gar keinen Fall. Zugegeben, es klingt verlockend, macht sicher eine Menge Spaß, und eure Eltern wären stolz auf euch und würden euch womöglich sogar belohnen, aber das ist nicht richtig. Ehrlich. Auch wenn es sich richtig anfühlt. Nein, nein, nein!

Also, ein professioneller Nachbarn-Vergrauler hätte – Sie werden es sich möglicherweise bereits gedacht haben – die Aufgabe, die Nachbarn zu vergraulen. Je nach Ausbildungsstand und Bezahlung müsste man sein Einsatz- und Aufgabengebiet entsprechend definieren und ihn mit den entsprechenden Befugnissen und der dazu passenden Ausstattung versehen. Mag es in einer Schrebergartensiedlung noch genügen, ihm Fotoapparat, Zettel, Papier und Diktiergerät an die Hand zu geben, ihn zur permanenten Überwachung des Gegenübers anzuhalten und ihm aufzutragen, sämtliches Fehlverhalten zu dokumentieren, muss man in einer Villengegend schon stärkeres Geschütz auffahren.

Dort könnte sich beispielsweise die hingebungsvolle Belüftung eines riesigen Komposthaufens bezahlt machen, dessen Ausdünstungen dauerhaft über dem Swimmingpool des nachbarschaftlichen Anwesens verharren. Dies nun möglicherweise in Kombination mit einem manisch kläffenden Paar Rottweiler, die mittels eines gebrauchten Taschentuchs aus der nachbarschaftlichen Mülltonne sowie einigen dosierten Peitschenhieben auf den Geruch des jeweiligen Nebenhausbewohners geradezu allergisch reagieren. Der Anblick der hasserfüllt kläffenden Bestien kann schon mal dazu führen, dass der Nachbar gegen spontanen Harndrang anzukämpfen hat.

In der teureren Variante könnte ein Vergrauler mit guten

Beziehungen auch verschiedene Baurechtsfragen im Zusammenhang mit dem Nachbarhaus klären lassen, Jugendliche zu Farbbeutelattacken bewegen und mit einer von dressierten Ratten verursachten Verstopfung des Abflussrohres für einen Exodus wegen der sich daraus ergebenden stinkenden Flutung des Erdgeschosses sorgen.

Natürlich müsste der Vergrauler seine Grenzen kennen, denn in »normalen« Nachbarschaftsstreitigkeiten schrecken die Protagonisten bisher vor Waffengebrauch zurück, und das sollte auch so bleiben. Plumpe Sachbeschädigungen sind eigentlich aus der Mode gekommen, und hirnlose Drohungen mit Gewaltanwendung lägen unter dem Niveau eines bezahlten Vergraulers. Nein, dieser müsste schon subtile Methoden kennen, wie beispielsweise die Beschallung eines NPD-Funktionärs mit arabisch rezitierten Versen aus dem Koran, ergänzt durch den gegen vier Uhr morgens eingestreuten und nur im Schlafzimmer des Opfers zu hörenden Weckruf eines Istanbuler Muezzins.

Kein Zweifel – ein Nachbarn-Vergrauler würde die ohnehin bestehenden Zwistigkeiten auf eine neue, möglicherweise stilvolle Ebene heben, gäbe dem unsäglichen Geplänkel, den heillosen Zerwürfnissen und dämlichen Diskussionen in Hausfluren, vor Garagen und an Gartenzäunen neues Gewicht, verbände Bosheit mit Fantasie. Eventuell ließe sich der Vergrauler als Werbeaufwendung von der Steuer absetzen, möglicherweise könnte man ihn auch für weitere Sozialisationsrituale einsetzen: Verleumdungen, Denunziationen, das Initiieren von Hetzkampagnen und das Schreiben anklagender Leserbriefe. Bedenkt man die schiere Fülle bereits bestehender Streitigkeiten, den Aufwand der Justiz mit laienhaftem Gezänk und den enormen Schaden für die psychische Volksgesundheit, so gibt es tatsächlich viele Gründe für den professionellen Nachbarn-Vergrauler. Wie viele Arbeitsplätze könnte man damit schaffen, wie leicht ließen sich anhand dieses Berufsbildes interessierte Jugendliche von einem entsprechenden Ausbildungsweg überzeugen!

Akzeptanz vorausgesetzt, ließe sich doch eventuell ein Feldversuch in Ihrer Umgebung in die Wege leiten, oder? Zugegeben – die Kosten sollte man zunächst aufteilen. Fragen Sie doch einfach Ihre Nachbarn – vielleicht beteiligen die sich ja ...

Gefahr: **** (Da ist Nervenkitzel dabei, das ist Adrenalin pur. Es gibt Nachbarn, die aufeinander geschossen oder zumindest eingeprügelt haben – Helm und kugelsichere Weste sollten also zur Standardausrüstung des Vergraulers gehören.)

Langeweile: * (Mag sein, dass man irgendwann einmal jede denkbare Ursache für jeden denkbaren Nachbarschaftsstreit kennt, aber bis dahin ist es ein langer, spannender Weg.)

Seltenheit: **** (Noch gibt es ihn nicht, den Nachbarn-Vergrauler, aber an seiner Notwendigkeit besteht kaum ein Zweifel.)

Ekelfaktor: (Wie dämlich, sinnlos und absurd muss ein Streit sein, damit es uns ekelt? Denken Sie nach ... Sehen Sie – zu widerlich kann es für uns eigentlich nie werden, wir sind immer mittendrin ...)

Neidfaktor: ***** (Sie sind der Supermann der Duckmäuser, der Heroe der Kriecher, das Vorbild der Streithammel. Unser Held.)

Armleuchter

Ja, ja – wir wissen, was Sie denken. »Armleuchter? Wie billig. Das ist doch nur so ein Ausdruck, da kann man sich doch keinen Beruf drunter vorstellen. Mit welchem langen dünnen Haar soll denn da nun ein Zusammenhang konstruiert werden?«

Mal abgesehen davon, dass Sie sich mit solchen Gedanken als intoleranter Spießer und Spaßbremse outen, geht es uns bei dem zu erfindenden Beruf des Armleuchters weniger um das tatsächliche Potenzial der aktuellen Träger dieser Bezeichnung als vielmehr um die diversen Möglichkeiten, die in dem Wort als solchem begründet liegen. Als »Armleuchter« wird momentan gemeinhin ein aufdringlich dummer Mensch bezeichnet, einer, der seine Ignoranz wie eine Fackel vor sich herträgt, jemand, dessen Stupidität sprichwörtlich »leuchtet« und der somit »arm« an Geist sein muss. Doch was hält uns davon ab, ein wenig weiterzudenken? Würde man der Begriff »Armleuchter« nur ein wenig anders interpretieren, so ließen sich unschwer zumindest zwei Berufe ersinnen, die es bis dato noch nicht gibt, von denen unsere Welt jedoch gar nicht genug bekommen könnte. Wir drehen das alte Spiel deshalb einfach einmal um: Normalerweise werden ja Worte für Dinge gesucht – nun aber suchen wir Dinge für ein bestehendes Wort.

Option Nummer eins orientiert sich sehr eng am eigentlichen Begriff und verbindet die ersten drei Buchstaben des Wortes weder mit der Verlängerung der Hand, also dem körperlichen Aspekt, noch mit dem bereits erwähnten Mangel an Intellekt, der geistigen Armut also. Nein – wir nehmen das Wort »Arm« jetzt einmal ganz und gar wörtlich und interpretieren es als das Gegenteil von »reich«, als Zustandbeschreibung für mangelnden Wohlstand, als karge Schilderung eines Zustandes, in dem grob geschätzt drei Achtel der Weltbevölkerung permanent verharren. Diese Menschen, diese »armen« Menschen bedürfen nicht nur des täglichen Brotes, sondern dringend auch der Möglichkeit, sich selbst aus den nicht selbst verschuldeten Lebensumständen zu befreien, was nicht weniger bedeutet als das von deutschen Politikern immer wieder gern gepriesene Entwicklungshilfemotto »Hilfe zur Selbsthilfe«. »Bildung« heißt das Zauberwort, das zwar nicht unweigerlich zu Wohlstand führt, aber doch zumindest die Chance auf denselben erhöht, und was benötigte die Welt dringender als jene, die sich selbst in der Lage sehen, Bildung zu vermitteln und in die entlegensten Winkel dieser Welt zu tragen – gar bis Ghana, Bangladesch und Tadschikistan oder auch bis Berlin-Neukölln, Hamburg-Billstedt oder ins Münchner Hasenbergl. Diese Idealisten, voller Ideen, Strahlkraft und Enthusiasmus, diese Kämpfer für Freiheit und Brüderlichkeit, diese belesenen, gebildeten, politisch interessierten, unaufdringlichen und gleichzeitig so wunderbar hartnäckigen Menschen könnten – Achtung: jetzt kommt's – Leuchttürme einer neuen Ära in der postkolonialistischen Zeit werden. Entwicklungshelfer und Verbündete, Wissensvermittler und Schöpfungsbewahrer, Wanderer zwischen den Welten, moderne Gandhis oder Martin Luther Kings, Erneuerer, Gläubige und Glaubende, realistische Idealisten. Sie wären – noch einmal aufgemerkt, bitte – die »Leuchten« der »Armen«, was uns auf direktem Wege zum Ausgangspunkt des ersten Teils unserer kleinen Reise in den spielerischen Umgang mit Begrifflichkeiten führt: zum »Armleuchter«.

Ist das nicht eine schöne Vorstellung? In jenen Regionen dieser Welt, in denen die Menschen es gerne ein bisschen feierlich haben, in denen Wert auf Rituale und tradierte Umgangsformen gelegt wird, da könnte die Klasse allmorgendlich einen Gruß wie beispielsweise »Der Friede sei mit dir, o Armleuchter« schmettern – in all jenen Gegenden, wo der Ton ein wenig rauer ist und Höflichkeit noch seltener anzutreffen ist als im Bayerischen Landtag, da raunt Sergio, der mehrfach gepiercte Siebtklassenwiedergänger im zarten Alter von neunzehn Jahren seinem Mentor ein liebevolles »Hey, Armleuchter, haste mal ne Fluppe für mich« zu. Ja, da menschelt es, ja, da wird ein Wort mit neuem, liebevollem Leben erfüllt – endlich kommt der Armleuchter zu seinem bisher unbekannten Recht.

Doch wir hatten Ihnen noch eine zweite Version versprochen. Es ist ja durchaus denkbar, dass Sie sich nicht ganz so sehr mit jenem Ideal des allzeit hilfsbereiten Retters der Ausgegrenzten identifizieren können, dennoch aber wiederholt bereits als »Armleuchter« tituliert wurden. Für diese Option betrachten wir erneut das so unschuldig anmutende Wort, zerlegen es in seine Bestandteile und greifen nun wiederum zunächst auf den ersten Teil zurück. Ein Arm nämlich ist ein äußerst nützliches Instrument, versetzt uns erst in die Lage, unsere Hände ordentlich zu gebrauchen, ist ein Hebel, eine Stütze und notfalls sogar ein drittes oder viertes Bein – je nachdem, wie tief wir gefallen sind oder wie viel wir getrunken haben.

Wäre es nicht ein geradezu berauschendes Erlebnis, wenn wir diesen unseren Arm – einer von beiden würde vollständig genügen – ein wenig »aufrüsten« könnten? Frei nach dem Motto »Pimp my arm« sozusagen? Vielleicht gibt es in nicht allzu ferner Zukunft Methoden, ihn elastischer zu machen, sodass er um Ecken greifen kann. Möglicherweise könnte man ihn mittels des gezielten Einsatzes leistungsfördernder Mittel – eine Methode, die im Volksmund auch als »lance-arm-strongen« bekannt ist – zu einem unvergleichlichen Hebewerkzeug machen, das Autos mühelos aus zu engen Parklücken hebt. Die edelste Form der Veredelung jedoch wäre es wohl, wenn wir unseren Arm zu einer Fackel gegen die Dunkelheit machen könnten – zu einem Teil unseres Körpers also, der die Nacht bei Bedarf erhellt, der uns den Weg durch finsterste Abgründe weist, der als Taschenlampe ebenso fungieren kann wie als rhythmisch mit der Musik pulsierender Stimmungsmacher im Partykeller. Ein leuchtender Arm – das hätte viel Symbolkraft, ein »Armleuchter« wäre dann eine echte Lichtgestalt, sodass man endlich auch Herrn Beckenbauer in den wohlverdienten Ruhestand schicken könnte. Nur ein Nebeneffekt natürlich, aber nicht ganz ohne Bedeutung. Gell, Franz. Müd' schaust aus.

Gefahr: * (Armleuchter, wie wir sie definierten, würden geliebt, geachtet und respektiert. Ihr Risiko: von zu viel Zuneigung erdrückt zu werden.)

Langeweile: * (Armleuchter, wie wir sie definierten, leben in Frieden und Harmonie mit der Welt. Das kann auf Dauer etwas langweilig werden.)

Seltenheit: * (Armleuchter, wie wir sie definierten, gibt es leider noch viel zu selten. Seid mutig, geht mit gutem Beispiel voran. Bedankt euch bei jedem, der euch Armleuchter nennt.)

Ekelfaktor: * (Armleuchter, wie wir sie definierten, wissen um die menschlichen Abgründe und die dunklen Seiten. Aber da stehen sie drüber. Meistens jedenfalls.)

Neidfaktor: * (Armleuchter, wie wir sie definierten, sind leuchtende Vorbilder für viele. Manche könnten durchaus neidisch sein; so ist leider die Natur des Menschen.)

Worthülsen-Entlarver

Politiker tun es und Manager, prominente Sportler und neuerdings sogar ganz normale Menschen: Sie dreschen Phrasen, produzieren Verbalschrott, reihen Worthülsen aneinander. Offenen Mundes stehen wir da, wenn der Minister uns via TV versichert, man werde sich des Problems »mit allen Kräften« annehmen, denn wir vermögen uns einfach nicht vorzustellen, wessen Kräfte das denn sein könnten. Seine? Unsere? Die seiner Schwiegermutter? Der Partei? Wenn er uns rät, »positiv in die Zukunft zu blicken«, dann ist dies gleichbedeutend mit »Augen zu und durch«. Warum sagt er das nicht? Und wenn er während einer Diskussion behauptet, da müsse »man differenzieren«, bleibt sowohl offen, wer da unterscheiden muss, als auch die Frage, zwischen was denn, bitte schön, zu differenzieren sei.

Worthülsen gibt es in vielen Facetten und Versionen. Manchmal handelt es sich nur um einzelne Worte, die keinerlei Sinn ergeben. Ein Beispiel: Juristen haben irgendwann mal den Begriff »lebenslänglich« erfunden, und bis heute fragt sich der denkende Mensch, warum es dieses Wort in den allgemeinen Sprachgebrauch geschafft hat. Ein Leben ist bekanntlich so und so viele Jahre lang – niemand käme normalerweise auf die Idee, es als »länglich« zu bezeichnen. Zudem gilt es zu bedenken, was wohl das Gegenteil einer »lebenslänglichen« Freiheitsstrafe wäre. Eine »kürzliche«?

In der Sprache derjenigen, die sich in Wirtschaft und Industrie bewegen, haben sich besonders viele Worthülsen etabliert – möglicherweise deshalb, weil Fachidioten sich besser fühlen, wenn sie ihren Mangel an Allgemeinwissen unter einem Deckmäntelchen der Unverständlichkeit verbergen können. Bevorzugt verwendet werden dabei Begriffe, die scheinbar direkt aus dem angelsächsischen Sprachraum kommen, dort aber entweder gänzlich unbekannt sind (zum Beispiel Handy) oder aber in einem vollständig anderen Zusammenhang verwendet werden. Wenn ein Manager also behauptet, er wolle als »Number-one-Teamplayer« die »Performance highlighten«, dann sollten Sie seinen »Output« möglichst »effizient« und so schnell wie möglich »canceln«, denn nur dann, wenn man seine »Kernkompetenz« auf das »reduct«, was sie wirklich »kommuniziert«, bleibt am Ende des Tages genügend »proaktive Dynamik« übrig, um ihm sein Manuskript in den Hals zu stopfen.

Genauso schlimm sind übrigens jene Achtlosigkeiten, die mit dem Englischen nichts zu tun haben wollen, mit denen jedoch unsere eigene Sprache so zugemüllt wird, dass selbst simpelste Botschaften nicht mehr verständlich sind. Daran, dass Politiker ständig »ich denke«, »ich glaube« und »ich meine« sagen, haben wir uns gewöhnt, obwohl wir bezweifeln, dass sie denken, glauben oder wirklich meinen. Dass sie statt mit »ja« gerne mit »davon bin ich überzeugt« antworten, ist zwar ebenfalls lästig, aber gerade noch hinnehmbar. Aber sie sind auch ständig dabei, »ergebnisoffen zu debattieren«, nur weil sie sich nicht festlegen wollen oder keine Ahnung haben. Sie engagieren sich immer nur »an und für sich« für eine Angelegenheit, um das »aber leider« auf Dauer in der Hinterhand behalten zu können. Und sie bezeichnen sich selbst gerne als »Problemlöser«, obwohl sie weder Problem noch Lösung kennen. Und all das macht uns zuweilen wütend. Ob »Challenge« oder »Briefing«, ob »Mehrwert« oder »Shareholder Value« – immer häufiger wird Sprache nicht mehr dazu benutzt, Dinge zu benennen, sondern um sie zu verschleiern. Die eigentliche Botschaft wird so dick verpackt, dass sie kaum noch zu erkennen ist, Inhalte werden dadurch beliebig, Verantwortung muss nicht mehr übernommen werden. Kein Zweifel: Es wird Zeit für den Worthülsen-Entlarver.

Der Entlarver selbst müsste ein Mann (oder eine Frau ...) knapper Worte sein. Seine Rede wäre – um es mal mit der Bibel zu sagen – »Ja, ja« oder »Nein, nein«, seine Zuneigung hätte der Eindeutigkeit zu gelten und seine Abscheu der Verschleierung. Er müsste sich aus den Untiefen des Internets in laufende Fernsehdebatten hacken und Textzeilen einblenden können, mittels derer er ganze Absätze hohlen Geschwafels in drei Worte komprimiert. Wenn Staatssekretär B. also sagt, »man müsse vor einer Entscheidung an und für sich natürlich das Rating der Agenturen ergebnisoffen und differenziert einem Evaluierungsprozess unterwerfen«, dann müsste die Simultan-Übersetzung zu lesen sein: »Ich weiß nichts.« Der Worthülsen-Entlarver macht sich die Mühe, in Zeitungen abgedruckte Interviews und Zitate aufmerksam zu lesen und Leserbriefe zu verfassen, in denen er den Inhalt auf die letztlich tatsächlich gesagten zwei Zeilen zusammenfasst. Gäbe es ihn, dann würde er Hitlisten der hohlsten Phrasen und ihrer Benutzer veröffentlichen, würde Verlage wider den Sprachmüll gründen, Gleichgesinnte um sich scharen und ein Bittgesuch an den Bundestag richten, damit die dort stattfindenden Debatten, noch während sie gehalten werden, von Sprachwissenschaftlern auf ihre Sinnhaftigkeit überprüft würden. Der Entlarver zöge ein Netzwerk gut ausgebildeter Sprach-Techniker heran und würde ihnen verschiedene Sabotagetechniken beibringen. Vorstellbar wären versteckte Lautsprecher in Konferenzräumen, die sich automatisch in Überlautstärke einschalteten, sobald während des »Meetings« die Worte »Arbeitskreis«, »Brainstorming«, »innovativ« und »Win-win-Situation« einmal zu oft gefallen sind. Es gäbe so viel zu tun für den Worthülsen-Entlarver, er hätte so viele Betätigungsfelder. Lehrer und Ärzte, Juristen und Abteilungsleiter, Technokraten und Dozenten – sie alle wären seine natürlichen Widersacher, sie alle müsste er Tag für Tag brüskieren. Seine wichtigste Aufgabe jedoch wäre die Nachwuchs-Rekrutierung, die Ausbildung weiterer Entlarver, denn angesichts der gewaltigen Übermacht der Dummschwätzer stünde ein Mann schon in einer südhessischen Kleinstadt auf verlorenem Posten.

Der hauptamtliche Worthülsen-Entlarver würde ein Leben führen, das von viel Feind und somit von viel Ehr geprägt wäre. Bewerbungen bitte umgehend an den Verlag.

Gefahr: **** (Wie gesagt: viel Feind, viel Ehr. Und kaum etwas ist gefährlicher als ein in die Ecke gedrängter Schwätzer, den man zwingt, sein wahres Gesicht zu zeigen. Können ganz schön hässliche Fratzen sein.)

Langeweile: (Nichts an diesem Beruf könnte je langweilig sein, denn schließlich kann man beinahe alles, was man normalerweise ertragen muss, in einen gezielten Angriff umwandeln. Großartig.)

Seltenheit: (Denken Sie nach, bevor Sie sprechen? Vermeiden Sie unnötiges Geschwätz? Lieben Sie die Sprache und wollen mit ihr das sagen, was Sie wirklich meinen? Bewerben Sie sich. Bald. Seien Sie der Erste – es werden Ihnen Unzählige folgen. Hoffen wir zumindest.)

Ekelfaktor: ** (Wer Tag für Tag mit »Kollateralschäden«, »bilateralen Fragen« und »Human Resources« überhäuft wird, braucht möglicherweise auch einen starken Magen.)

Neidfaktor: ****(Wenn wir uns trauten, würden wir den Beruf sofort ergreifen. Aber wir haben Familien zu ernähren und fürchten uns vor zu vielen Feinden. Sorry.)

Gutmenschen-Erdulder

Sie trennen ihren Müll und kaufen ihre Eier beim Bauern im Dorf. Sie sind gegen Atomstrom und Kohlekraftwerke, spüren jeden Sommer die Klimaerwärmung angeblich am eigenen Leib und spenden für Afrika, Asien und für die Fernsehlotterie. Sie haben immer Verständnis, sind permanent um Ausgleich bemüht, haben selbstverständlich den Militärdienst verweigert, kaufen fair gehandelten Kaffee in Eine-Welt-Läden und tragen nur Textilien, die nachweislich nicht von Kindern produziert wurden. Sie unterschreiben am laufenden Band Petitionen für eine bessere Welt, sind Mitglied im Tierschutzverein und Paten eines großäugigen Kindes aus Burundi und beherbergen seit Jahren den greisen Onkel im Gästezimmer. Sie engagieren sich in der Suppenküche für die Unterprivilegierten, lehnen Flugreisen als ökologisch nicht verantwortbar ab, sind für Schulreformen und gleiche Bildungschancen für alle, beziehen Öko-Strom und fahren Autos, die mit Erdgas betrieben werden, wenn sie es nicht ohnehin vorziehen, mit öffentlichen Verkehrsmitteln unterwegs zu sein. Sie verzichten auf tierische Fette, sind beinahe Vegetarier, lernen vor jedem Urlaub die wichtigsten Worte der jeweiligen Landessprache, erziehen ihre Kinder nicht, sondern kommunizieren mit ihnen, sind Mitglied in Sport-, aber niemals in Schützenvereinen und trinken ab und zu ein Gläschen trockenen Weißwein, vorzugsweise in der unheimlich authentischen Trattoria »Bella Venezia«, in der sie die Vornamen aller Kellner kennen. Sie machen gern ausgedehnte

Waldspaziergänge, füttern scheinbar herrenlose Katzen und schenken dem Postboten jedes Jahr etwas zu Weihnachten. Die Gutmenschen.

Die Gutmenschen heißen so, weil sie gut sind. Sie selbst würden nie behaupten, dass sie gut sind, aber natürlich geben sie uns anderen gerne und oft das Gefühl, zumindest besser zu sein als wir. Sie meinen das nicht böse, weil sie nie etwas böse meinen, aber sie wollen es auch nicht so einfach hinnehmen, dass wir uns keine Mühe geben. »Man kann sich immer noch ein bisschen verbessern«, lautet das Motto der Gutmenschen, stets kombiniert mit dem Zusatz: »Man muss es nur wollen.«

Schwierig an Gutmenschen ist, dass man sie nicht einfach verhauen darf, weil sie sich nicht wehren und man sich dann unglaublich schuldig fühlen würde. Ihnen zu sagen, wohin sie sich das Gutmenschentum stecken können, führt zu nichts, weil sie natürlich Verständnis dafür haben, dass wir gerade eine schwierige Phase durchmachen und ein wenig gereizt sind – selbst wenn wir gar keine schwierige Phase durchmachen und nur deshalb so gereizt sind, weil uns das gefällt. Wenn man Gutmenschen in wesentlichen Fragen widerspricht, legen sie gerne den Kopf ein wenig schief und bekommen einen leicht verschleierten Blick voller erbarmungslosen Mitleids. Wenn man mit Gutmenschen über ihre Einstellung diskutiert, hat man keine Chance, weil sie jede Meinung gelten lassen, aber ihre letztendlich immer die richtige ist.

Gutmenschen streiten sich ohnehin nie, sondern sie führen fruchtbare Diskussionen oder pflegen den Meinungsaustausch. Meistens warten sie geduldig ab, bis ihr Gegenüber ausgesprochen hat, bevor sie sich selbst äußern. Gutmenschen haben selbstverständlich Temperament und können Leidenschaften fühlen, aber diese müssen immer konstruktiv sein und dürfen nicht zerstörerisch wirken. Gutmenschen helfen älteren Menschen über die Straße, haben Verständnis für verhaltensauffällige Jugendliche (sofern diese nicht mit ihren Kindern spielen), fühlen sich angeblich bei warmem Sommerregen am wohlsten, gönnen sich Elternzeiten und bestehen darauf, auch als Mann Gefühle zeigen zu müssen.

Gutmenschen sind ... tja, nun ... eben gute Menschen. Und das allein wäre ja auch kein Problem. Was Gutmenschen für uns andere so schwer erträglich macht, ist die unglaubliche Konzentration des Gutmenschentums. Gutmenschen haben nämlich so viel damit zu tun, in jeder nur vorstellbaren Lebenslage so gut wie nur irgend möglich zu sein, dass sie dieses Bemühen aus allen Poren schwitzen und ständig auf den Lippen tragen. Das bedeutet: Gutmenschen parlieren andauernd und beinahe pausenlos über die Pflichten und Ansichten eines guten Menschen, über das, was einen guten Menschen auszeichnet, und warum sie selbst sich so sehr anstrengen, stets gute Menschen zu bleiben. Das ist lehr- und hilfreich, das ist kommunikativ und freundlich, das ist wichtig und vermutlich richtig ... und das geht uns dermaßen auf den Sack, dass wir ständig nur schreien wollen. Wir sind nämlich der Ansicht, dass Gutmenschen viel zu gut für uns sind. Wir würden es ohne weiteres Wehklagen ertragen, dass sie Spritfresser ablehnen und kein Fleisch essen – kein Problem. Dass sie aber ihr Gutmenschentum auf praktisch alle Lebensbereiche ausdehnen, ist uns unheimlich, und wir verstehen es nicht. Hinzu kommt, dass wir permanent das Gefühl haben, missioniert zu werden. Wir brauchen also unbedingt jemanden, der diese Last von unseren Schultern nimmt – wir brauchen einen, der Gutmenschen nicht nur erträgt und mit ihnen reden kann, sondern sie von uns fernhält. Wir brauchen einen Gutmenschen-Erdulder.

Der Erdulder müsste aus ganz speziellem Holz geschnitzt

sein. Er müsste so tolerant sein, dass er nachvollziehen kann, warum wir selbst keine Gutmenschen sein wollen, gleichzeitig aber auch Verständnis für den unbedingten Willen der Gutmenschen zum Gutsein aufbringen. Er müsste sich all das anhören können, was Gutmenschen über ihr Leben, ihr Denken, ihr Tun und ihr Lassen, über ihre tollen Kinder, großartigen Partner, liebevollen Eltern, wunderbaren Freunde und angenehmen Nachbarn zu sagen haben, ohne dies unbedingt mit unserem schrecklichen Leben vergleichen zu wollen. Er müsste unsere Launen, unseren Hass, den Neid, unsere unerträgliche Arroganz und Egozentrik sowie die Missgunst lächelnd ertragen, dürfte aber diese unsere vielen schlechten Eigenschaften bei den Gutmenschen nicht verpetzen. Er müsste den Gutmenschen das Gefühl vermitteln können, wir seien einerseits nicht der Mühe wert, andererseits aber doch irgendwie nett genug, um unser Recht auf Leben nicht gänzlich verwirkt zu haben. Der Gutmenschen-Erdulder müsste den Gutmenschen ständig zu verstehen geben, dass er sie enorm gut findet, ohne dass sie jemals wieder auf die Idee kommen, Vergleiche mit uns Andersartigen anzustellen. Der Gutmenschen-Erdulder wäre einer von uns und einer von ihnen. Der Gutmenschen-Erdulder wäre gelebte Toleranz. Es wird Zeit, dass wir ihn finden.

Gefahr: (Kann man an Toleranz zugrunde gehen? Wohl eher nicht, oder?)

Langeweile: * (Einen Gutmenschen beim Gutsein zu beobachten, ist das Ödeste, was man sich vorstellen kann. Ihm dabei zuhören zu müssen, wie er sein gutes Leben schildert, ist fast noch fader. Und dies jeden Tag tun zu müssen, stellen wir uns schrecklich vor. Aber ein Gutmenschen-Erdulder würde sich per Definition und Job-Profil für alles brennend interessieren, und damit scheidet Langeweile eigentlich aus.)

Seltenheit: ***** (Wir kennen keinen. Für einen Namen und eine Telefonnummer zahlen wir jeden Preis. Helfen Sie uns. Bitte.)

Ekelfaktor: (Gutmenschen sind adrett und gepflegt, Gutmenschen sind nicht eklig.)

Neidfaktor: (Also – wir würden ihn nicht beneiden, preisen würden wir ihn dennoch. Und Gutmenschen beneiden ohnehin niemanden.)

Justus Richter
ÖFFENTLICHE
MÜLLEIMER DÜRFEN
NICHT SEXUELL
BELÄSTIGT WERDEN
Die wahnwitzigsten
Gesetze aus aller Welt
192 Seiten
ISBN 978-3-404-60246-9

Unglaublich aber wahr: In North Carolina ist Niesen auf offener Straße bei Strafe untersagt und in Wisconsin darf ein Mann nicht mit einer Waffe schießen, um den Orgasmus seiner Frau anzuzeigen. – Die strenge Welt des Rechts steckt voller absurder Überraschungen. Aber zum Glück ist Lachen noch nicht strafbar – zumindest soweit uns bekannt.

Irgendwann erwischt es uns alle – nur wie ist die Frage

Cynthia Ceilan
DUMM GELAUFEN
600 Missgeschicke
mit Todesfolge
Aus dem amerikanischen
Englisch von
Petra Trinkaus
304 Seiten
ISBN 978-3-404-60279-7

Stellen Sie sich vor, Sie haben gerade den besten Sex Ihres Lebens. Sie sterben. Weil Sie sich an der essbaren Unterhose Ihres Partners verschluckt haben.

Stellen Sie sich vor, Sie sind Flugbegleiter und es bricht Feuer aus. Sie und Ihre Kollegen greifen sich die Feuerlöscher und sprühen, was das Zeug hält. Das Feuer stirbt. Die beiden Piloten auch – an Kohlendioxid-Vergiftung.

Gibt's nicht? Gibt's doch. Und wir versichern Ihnen: Sterben kann so komisch sein!

Bastei Lübbe Taschenbuch